T0161703

LA TECHNIQUE

QUESTIONS ET RAISONS

Directeur : Michel MALHERBE

HADI RIZK

LA TECHNIQUE
L'activité technique et ses objets

avec un texte
de
Gilbert SIMONDON
Évolution de la réalité technique : éléments,
individu, ensemble

PARIS
LIBRAIRIE PHILOSOPHIQUE J. VRIN
6 place de la Sorbonne, V e

2018

Gilbert Simondon, « Évolution de la réalité technique ; élément, individu, ensemble », dans *Du mode d'existence des objets techniques*, Chapitre 2, p. 50-82.
© Éditions Aubier, Flammarion, 1958 ; 2012.

© *Librairie Philosophique J. VRIN*, 2018
Imprimé en France
ISSN 2430-7718
ISBN 978-2-7116-2814-8
www.vrin.fr

INTRODUCTION

La perception de l'objet technique qui rend efficacement service, la machine qui « marche toute seule » une fois déclenchée et qui effectue automatiquement sa fonction, nous conduisent à une méconnaissance de l'activité technique et de ses objets. L'accumulation de savoir, d'imagination et de mémoire au cœur de l'appareil le plus ordinaire de la vie quotidienne – un *smartphone*, un four à micro-ondes – est oubliée et dissimulée dans la « boîte noire » de l'appareil ; l'usager communique avec l'objet technique à l'aide de quelques gestes rudimentaires, irréfléchis et routiniers. Utilisateurs ignares et paresseux, les êtres humains s'en remettent au fonctionnement automatique des artefacts, dédiés une fois pour toutes à leur rendre la vie plus facile. *Une cour de robots domestiques* : animée par une source d'énergie indépendante du corps humain, directement raccordée à un moteur, une visseuse électrique est préférée au tournevis, lequel requiert de notre part habileté et effort. Et pourtant, le même usager feint de craindre d'être dépossédé de son pouvoir d'initiative et de sa responsabilité par tous ces dispositifs qui l'entourent et le déchargent du soin d'agir et de faire. Le même automatisme qui permet d'ignorer la machine nous la remet cependant à l'esprit, sous la *forme* de fantasmes et de cauchemars : que se passerait-il si nos robots mécaniques s'emparaient du pouvoir et remplaçaient de plus en plus les agents humains jetés au rebut? Par un étrange renversement, le manque de spontanéité de la machine, son fonctionnement rigide sans accrocs ni détours, deviennent l'expression d'intentions malignes et arbitraires, logées dans cet être qui se meut tout seul, effectue de manière répétitive des mouvements prédéfinis, mobilise durablement une force d'une grande intensité, afin de dominer, comme un maître abusif, la nature, les hommes et les choses.

Mais les machines ne relèvent ni de la magie d'intentions condensées dans l'inertie de leurs mécanismes, ni de la fatalité d'un pouvoir venu d'on ne sait où…! Et d'abord, les machines témoignant d'une vraie réussite technique présentent un caractère de plurifonctionnalité et une certaine indétermination qui les rend aptes à l'auto-régulation : loin d'être étroitement adaptées à une fonction, dans un certain milieu et avec un protocole figé d'usage, leur organisation interne leur garantit une forme d'autonomie. Ni instruments serviles de l'homme, ni emprise maléfique sur sa liberté, les êtres techniques, qui ne se limitent pas aux machines, de même que les machines ne se réduisent pas aux machines-outils, forment un complément, voire un prolongement de la spontanéité et de la puissance d'agir de l'homme. Elles composent des corps artificiels articulés aux aptitudes du corps humain, à sa plasticité.

La présente étude, qui est proposée à la suite du texte de Simondon, commence par décrire le geste technique et les objets techniques dans leur diversité. Les êtres techniques, en effet, simulent la spontanéité de l'organisme, ce qui les rend à la fois autonomes et dépendants du procès d'individuation de l'homme lui-même, dont ils sont une expression. Aussi l'élucidation du caractère *concret, auto-corrélé* de l'individu technique, sa capacité à intégrer le milieu dans son propre fonctionnement, nous invitent à étudier l'invention technique elle-même, avec pour fil conducteur l'imagination, la création des êtres techniques et le type de rapport au monde que les individus instaurent par la médiation de leurs réalisations techniques.

La technique est généralement présentée comme seconde par rapport au travail, dont elle est l'auxiliaire. La division du travail et les rapports sociaux de production apparaissent alors porteurs d'une contradiction qui affecte la vie sociale et qui se développe historiquement. La technique serait déterminée par le rapport social de travail ; elle est toutefois accusée de prêter le concours de son intelligence rusée et de ses forces démesurées pour accentuer la domination exercée sur les hommes par le travail aliéné : elle rendrait l'exploitation du travail plus intense, à travers la maximisation de la productivité et l'exclusion du travail réalisé par des hommes en chair et en os.

Nous nous attacherons à relire Marx afin de chercher les voies de réalisation d'une praxis technique plus autonome, et peut-être d'un affranchissement de l'activité technique du paradigme du travail et de la loi de la valeur. En ce sens, la technique entretient un rapport *premier* avec la praxis comme autoproduction de l'homme. Le dernier chapitre de cette étude conclut sur la réalité ontologique de l'activité technique : elle relève de l'être-au-monde de l'existence humaine et elle fait apparaître au sein du monde des êtres spécifiques, lesquels manifestent en eux, entrecroisées, l'irréalité des formes imaginées et l'extériorité de la matière. Les êtres techniques sont de part en part des objets *signifiants* et ils mettent en relief la puissance d'être et d'agir de la réalité humaine.

Le texte proposé en association *avec* cette étude est extrait de l'ouvrage *Du mode d'existence des objets techniques (1969)* [1] de Gilbert Simondon. Il s'agit du chapitre II, de la première partie : *Genèse et évolution des objets techniques*. Dans le premier chapitre, l'auteur décrit l'objet technique, un objet « concret » dont la genèse fait partie de sa détermination. Le chapitre II amplifie ces premiers acquis théoriques, en posant la question majeure de l'invention technique, sachant l'auto-corrélation de la machine et sa liaison avec un milieu associé.

Il convient d'expliciter ici un terme-clé du chapitre : la notion d'*hypertélie*. Ce mot contient l'idée de finalité. En effet, l'objet technique est ordonné à une fin, à une fonction et à un usage, mais, s'il est « suradapté » à telle fonction ou à tel milieu, avec un caractère de stéréotype qui exige pour fonctionner des conditions étroites d'utilisation – comme par exemple un avion-fusée dont le statoréacteur ne peut être mis en route que dans les couches de l'atmosphère où l'air est très froid et condensé (15 000 mètres d'altitude), ce qui exige qu'il soit transporté initiale-ment sur un autre avion… – cela limite la plurifonctionnalité de l'appareil et son aptitude à s'ajuster finement aux contraintes et aux sollicitations du milieu.

L'hypertélie est, par conséquent, tantôt une qualité, tantôt une entrave à une cohérence interne plus riche et plus diversifiée de l'objet technique.

---

1. G. Simondon, *Du mode d'existence des objets techniques*, Paris, Aubier-Montaigne, 1969.

GILBERT SIMONDON

ÉVOLUTION DE LA RÉALITÉ TECHNIQUE : ÉLÉMENTS, INDIVIDU, ENSEMBLE [1]

1. Extrait de Gilbert Simondon, *Du mode d'existence des objets techniques*, Paris, Aubier, Flammarion, 1958 ; 2012, chapitre II.

ÉVOLUTION DE LA RÉALITÉ TECHNIQUE :
ÉLÉMENT, INDIVIDU, ENSEMBLE

I. – HYPERTÉLIE ET AUTO-CONDITIONNEMENT
DANS L'ÉVOLUTION TECHNIQUE

L'évolution des objets techniques manifeste des phénomènes d'hypertélie qui donnent à chaque objet technique une spécialisation exagérée et le désadaptent par rapport à un changement même léger survenant dans les conditions d'utilisation ou de fabrication ; le schème qui constitue l'essence de l'objet technique peut en effet s'adapter de deux manières : il peut s'adapter d'abord aux *conditions matérielles et humaines* de sa production ; chaque objet peut utiliser au mieux les caractères électriques, mécaniques, ou encore chimiques des matériaux qui le constituent ; il peut s'adapter ensuite *à la tâche* pour laquelle il est fait : ainsi, un pneumatique bon pour l'usage dans un pays froid pourra ne pas convenir à un pays chaud, et inversement ; un avion fait pour les hautes altitudes pourra être gêné par la nécessité temporaire de fonctionner à basse altitude, et en particulier pour atterrir et décoller. Le moteur à réaction, qui est supérieur en raison même de son principe de propulsion au moteur à hélice pour les très hautes altitudes devient d'un emploi difficile à très basse altitude ; la grande vitesse atteinte par un avion à réaction devient un caractère assez paralysant lorsqu'il s'agit de prendre contact avec le sol ; la réduction de la surface portante, allant de pair avec l'usage du moteur à réaction, oblige à atterrir à très grande vitesse (presque la vitesse de croisière d'un avion à hélice), ce qui nécessite une piste d'atterrissage très longue.

Les premiers avions, qui pouvaient atterrir en pleine campagne étaient moins suradaptés fonctionnellement que les avions modernes. La suradaptation fonctionnelle va si loin qu'elle aboutit à certains schèmes voisins de ceux qui, en biologie, s'étagent entre la symbiose et le parasitisme : certains petits avions très rapides ne peuvent aisément décoller que s'ils sont portés par un plus gros qui les largue en vol ; d'autres utilisent des fusées pour augmenter la poussée ascensionnelle. Le planeur de transport lui-même est un objet technique hypertélique ; il n'est plus qu'un cargo de l'air ou plutôt une péniche de l'air sans remorqueur, tout différent en cela du véritable planeur qui peut, après un léger lancement, en utilisant les courants aériens, tenir l'air par ses propres moyens. Le planeur autonome est adapté très finement au vol sans moteur, alors que le planeur de transport n'est qu'une des deux parties asymétriques d'une totalité technique dont l'autre moitié est le remorqueur ; de son côté, le remorqueur se désadapte, car il est incapable d'emporter à lui seul une charge correspondant à sa puissance.

On peut donc dire qu'il existe deux types d'hypertélie : l'une qui correspond à une adaptation fine à des conditions définies, sans fractionnement de l'objet technique et sans perte d'autonomie, l'autre qui correspond à un fractionnement de l'objet technique, comme dans le cas de la division d'un être primitif unique en remorqueur et remorqué. Le premier cas conserve l'autonomie de l'objet, alors que le second la sacrifie. Un cas mixte d'hypertélie est celui qui correspond à une adaptation au milieu telle que l'objet nécessite une certaine espèce de milieu pour pouvoir fonctionner convenablement, parce qu'il est couplé énergétiquement au milieu ; le cas est presque identique à celui de la division en remorqueur et remorqué ; par exemple, une horloge synchronisée par le secteur perd toute capacité de fonctionnement si on la transporte d'Amérique en France, à cause de la différence de fréquence (60 Hertz et 50 Hertz) ; un moteur électrique nécessite un secteur ou une génératrice ; un moteur synchrone monophasé est plus finement adapté à un milieu déterminé qu'un moteur universel ; dans ce milieu, il offre un fonctionnement plus satisfaisant, mais hors de ce milieu il perd toute valeur. Un moteur triphasé synchrone est encore plus finement adapté qu'un moteur monophasé au fonctionnement sur un type déterminé de secteur, mais en dehors de ce secteur il ne peut plus être utilisé ; moyennant cette limitation, il offre un fonctionnement encore plus satisfaisant que celui d'un moteur monophasé (régime plus régulier, haut rendement, très faible usure, faibles pertes dans les lignes de raccordement).

Cette adaptation au milieu technique est, dans certains cas, primordiale ; ainsi, l'utilisation du courant alternatif triphasé donne toute satisfaction dans une usine pour les moteurs de n'importe quelle puissance. Pourtant, on n'a pu jusqu'à ce jour employer le courant alternatif triphasé pour la traction électrique des trains. Il faut faire appel à un système de transfert qui raccorde et adapte mutuellement le moteur à courant continu de la locomotive au réseau triphasé alternatif de transport à haute tension : c'est soit la sous-station délivrant une tension continue sur les feeders des caténaires, soit les transformateurs et redresseurs à bord de la locomotive qui envoient au moteur une tension continue même lorsque les caténaires sont alimentées en tension alternative. En effet, le moteur de la locomotive, en s'adaptant énergétiquement et en fréquence au réseau de distribution d'énergie, aurait été contraint de perdre une trop large part de son étendue d'utilisation ; un moteur synchrone ou asynchrone ne fournit une grande quantité d'énergie mécanique que lorsqu'il a atteint sa vitesse de régime ; or, cet emploi, excellent pour une machine fixe comme un tour ou une perceuse qui démarre à charge nulle et n'a à vaincre une résistance importante qu'après avoir atteint sa vitesse de régime, n'est nullement celui du moteur d'une locomotive ; la locomotive démarre à pleine charge, avec toute l'inertie de son train ; c'est quand elle fonctionne à sa vitesse de régime (si toutefois on peut parler en toute rigueur d'une vitesse de régime pour une locomotive) qu'elle a le moins d'énergie à fournir ; le moteur d'une locomotive doit fournir le maximum d'énergie dans les régimes transitoires, soit à l'accélération, soit à la décélération, pour le freinage par contre-courant. Cet usage riche en adaptations fréquentes à des variations de régime s'oppose à la réduction de l'étendue des régimes d'utilisation qui caractérise l'adaptation au milieu technique, comme l'usine avec son secteur polyphasé à fréquence constante. Cet exemple du moteur de traction permet de saisir l'existence d'un double rapport qu'entretient l'objet technique, d'une part avec le milieu géographique, d'autre part avec le milieu technique.

L'objet technique est au point de rencontre de deux milieux, et il doit être intégré aux deux milieux à la fois. Toutefois, comme ces deux milieux sont deux mondes qui ne font pas partie du même système et ne sont pas nécessairement compatibles de manière complète, l'objet technique est déterminé d'une certaine manière par le choix humain qui essaye de réaliser le mieux possible un compromis entre les deux mondes. Le moteur de traction est, en un sens, ce qui s'alimente comme le moteur d'usine à l'énergie des lignes triphasées alternatives à haute tension ; il est en un autre sens ce qui déploie son énergie pour remorquer un train, depuis l'arrêt jusqu'à la pleine vitesse et de nouveau jusqu'à l'arrêt par degrés décroissants de vitesse ; il est ce qui doit remorquer le train dans les rampes, dans les courbes, dans les descentes, en maintenant une vitesse aussi constante que possible. Le moteur de traction ne transforme pas seulement l'énergie électrique en énergie mécanique ; il l'applique à un monde géographique varié, se traduisant techniquement par le profil de la voie, la résistance variable du vent, la résistance de la neige que l'avant de la locomotive repousse et écarte. Le moteur de traction rejette dans la ligne qui l'alimente une réaction qui traduit cette structure géographique et météorologique du monde : l'intensité absorbée augmente et la tension dans la ligne baisse quand la neige s'épaissit, quand la pente se relève, quand le vent latéral pousse les mentonnets des roues contre les rails et augmente le frottement. À travers le moteur de traction, *les deux mondes agissent l'un sur l'autre*. Au contraire, un moteur triphasé d'usine n'établit pas de la même manière un rapport de causalité réciproque entre le monde technique et le monde géographique ; son fonctionnement est presque tout entier à l'intérieur du monde technique. Cette unicité de milieu explique qu'il ne soit pas besoin de milieu d'adaptation pour le moteur d'usine, alors que le moteur de traction demande le milieu d'adaptation constitué par les redresseurs, placés dans la sous-station ou sur la locomotive ; le moteur d'usine ne nécessite guère comme milieu d'adaptation que le transformateur abaisseur de tension, qui pourrait être supprimé pour les moteurs à grande puissance, et est nécessaire, dans le cas des moteurs moyens, comme condition de sécurité visant les utilisateurs humains plutôt que comme véritable adaptateur de milieux.

L'adaptation suit une courbe différente et possède un sens différent dans le troisième cas ; elle ne peut conduire aussi directement aux phénomènes d'hypertélie et de désadaptation consécutive à l'hypertélie. La nécessité de l'adaptation non à un milieu défini à titre exclusif, mais à la fonction de mise en relation de deux milieux l'un et l'autre en évolution, limite l'adaptation et la précise dans le sens de l'autonomie et de la concrétisation. Là est le véritable progrès technique. Ainsi, l'emploi de tôles au silicium, ayant une perméabilité magnétique plus grande et une hystérésis plus réduite que les tôles de fer a permis de diminuer le volume et le poids des moteurs de traction tout en augmentant le rendement ; une telle modification va dans le sens de la fonction de médiation entre le monde technique et le monde géographique, car une locomotive pourra avoir un centre de gravité plus bas, les moteurs étant logés au niveau des boggies ; l'inertie du rotor sera moindre, ce qui est appréciable pour un freinage rapide. L'emploi des isolants aux silicones a permis d'accepter un échauffement plus important sans risque de détérioration de l'isolant, ce qui augmente les possibilités de surintensité pour accroître le couple moteur au démarrage et le couple résistant au freinage. De telles modifications ne restreignent pas le domaine d'emploi des moteurs de traction, mais l'étendent au contraire. Un moteur isolé aux silicones pourra être utilisé sans précaution supplémentaire sur une locomotive gravissant de fortes pentes ou dans un pays très chaud ; l'utilisation relationnelle s'étend ; le même type de moteur perfectionné peut être utilisé (en petits modèles) comme ralentisseur de camions ; c'est en effet à la modalité relationnelle que le moteur est adapté et non pas seulement à ce type unique de relation qu'est celle qui lie le réseau et le monde géographique pour la traction d'un train.

Un exemple analogue de concrétisation est fourni par la turbine Guimbal [1] ; cette turbine est immergée dans la conduite forcée et couplée directement à la génératrice, très petite, contenue dans un carter plein d'huile sous pression. Le mur du barrage contient ainsi dans la conduite forcée toute l'usine électrique, puisque seuls apparaissent au niveau du sol la guérite contenant le réservoir d'huile et les appareils de mesure. L'eau devient plurifonctionnelle : elle apporte l'énergie actionnant la turbine et la génératrice, et elle évacue la chaleur produite dans la génératrice ; l'huile est aussi remarquablement plurifonctionnelle : elle lubrifie la génératrice, isole l'enroulement, et conduit la chaleur de l'enroulement au carter, où elle est évacuée par l'eau ; enfin, elle s'oppose à l'entrée d'eau dans le carter à travers les presse-étoupes de l'axe, puisque la pression de l'huile dans le carter est supérieure à la pression de l'eau à l'extérieur du carter. Cette surpression est elle-même plurifonctionnelle ; elle réalise un graissage sous pression permanent des paliers en même temps qu'elle s'oppose à la rentrée de l'eau par défaut d'étanchéité des paliers. Or, il convient de noter que c'est grâce à la plurifonctionnalité que cette concrétisation et cette adaptation relationnelle

---

1. Ces turbines sont du même type que celles qui équipent les *groupes-bulbes* des nouvelles usines marémotrices françaises. Elles sont réversibles et peuvent servir à pomper l'eau à marée basse avec une faible dépense d'énergie.

sont devenues possible. Avant l'invention de Guimbal, on ne pouvait songer à mettre la génératrice dans la conduite forcée contenant la turbine, car, en supposant résolus tous les problèmes d'étanchéité et d'isolement, la génératrice était trop grosse pour pouvoir être logée dans une conduite ; c'est le mode employé pour résoudre les problèmes d'étanchéité à l'eau et d'isolement électrique qui rend possible l'introduction de la génératrice dans la conduite en permettant un excellent refroidissement par le double intermédiaire de l'huile et de l'eau. On pourrait aller jusqu'à dire que l'introduction de la génératrice dans la conduite *se rend possible* elle-même en autorisant du même coup un énergique refroidissement par l'eau. Or, la grande efficacité du refroidissement permet une réduction considérable des dimensions pour une même puissance. La génératrice Guimbal, employée à pleine charge dans l'air, serait rapidement détruite par la chaleur, alors qu'elle manifeste un échauffement à peine sensible au sein de son double bain concentrique d'huile et d'eau, l'une et l'autre énergiquement pulsées par le mouvement de rotation de la génératrice, pour l'huile, et par la turbulence de la turbine, pour l'eau. La concrétisation est ici conditionnée par une invention *qui suppose le problème résolu* ; c'est en effet grâce aux conditions nouvelles créées par la concrétisation que cette concrétisation est possible ; le seul milieu par rapport auquel il existe une adaptation non hypertélique est le milieu créé par l'adaptation elle-même ; ici, l'acte d'adaptation n'est pas seulement un acte d'adaptation au sens où l'on prend ce mot quand on définit l'adaptation par rapport à un milieu qui est déjà donné avant le processus d'adaptation.

L'adaptation-concrétisation est un processus qui conditionne la naissance d'un milieu au lieu d'être conditionné par un milieu déjà donné ; il est conditionné par un milieu qui n'existe que virtuellement avant l'invention ; il y a invention parce qu'il y a un saut qui s'effectue et se justifie par la relation qu'il institue à l'intérieur du milieu qu'il crée : la condition de possibilité de ce couple turbo-générateur est sa réalisation ; il ne peut être dans la conduite, géométriquement, que s'il y est physiquement de manière à réaliser les échanges thermiques qui permettent une réduction des dimensions. On pourrait dire que l'invention concrétisante réalise un milieu techno-géographique (ici, l'huile et l'eau en turbulence), qui est une condition de possibilité du fonctionnement de l'objet technique. *L'objet technique est donc la condition de lui-même comme condition d'existence de ce milieu mixte*, technique et géographique à la fois. Ce phénomène d'auto-conditionnement définit le principe selon lequel le développement des objets techniques est rendu possible sans tendance à l'hypertélie puis à la désadaptation ; l'hypertélie survient lorsque l'adaptation est relative à un donné existant avant le processus d'adaptation ; une telle adaptation court en effet après des conditions qui la devancent toujours, parce qu'elle ne réagit pas sur elles et ne les conditionne pas à son tour.

L'évolution des objets techniques ne peut devenir progrès que dans la mesure où ces objets techniques sont libres dans leur évolution et non nécessités dans le sens d'une hypertélie fatale. Pour que cela soit possible, il faut que l'évolution des objets techniques soit constructive, c'est-à-dire qu'elle conduise à la création de ce troisième milieu techno-géographique, dont chaque modification est auto-conditionnée. Il ne s'agit pas en effet d'un progrès conçu comme marche dans un sens fixé à l'avance, ni d'une humanisation de la nature ; ce processus pourrait aussi bien apparaître comme une naturalisation de l'homme ; entre homme et nature se crée en effet un milieu techno-géographique qui ne devient possible que par l'intelligence de l'homme : l'auto-conditionnement d'un schème par le résultat de son fonctionnement nécessite l'emploi d'une fonction inventive d'anticipation qui ne se trouve ni dans la nature ni dans les objets techniques déjà constitués ; c'est une œuvre de vie de faire ainsi un saut par-dessus la réalité donnée et sa systématique actuelle vers de nouvelles formes qui ne se maintiennent que parce qu'elles existent toutes ensemble comme un système constitué ; quand un nouvel organe apparaît dans la série évolutive, il ne se maintient que s'il réalise une convergence systématique et plurifonctionnelle. L'organe est la condition de lui-même. C'est de façon semblable que le monde géographique et le monde des objets techniques déjà existants sont mis en rapport dans une concrétisation qui est organique, et qui se définit par sa fonction relationnelle. Comme une voûte qui n'est stable que lorsqu'elle est achevée, cet objet remplissant une fonction de relation ne se maintient et n'est cohérent qu'après qu'il existe et parce qu'il existe ; il crée de lui-même son milieu associé et est réellement individualisé en lui.

II. – L'INVENTION TECHNIQUE ; FOND ET FORME CHEZ LE VIVANT ET DANS LA PENSÉE INVENTIVE

On peut donc affirmer que l'individualisation des êtres techniques est la condition du progrès technique. Cette individualisation est possible par la récurrence de causalité dans un milieu que l'être technique crée autour de lui-même et qui le conditionne comme il est conditionné par lui. Ce milieu à la fois technique et naturel peut être nommé milieu associé. Il est ce par quoi l'être technique se conditionne lui-même dans son fonctionnement. Ce milieu n'est pas fabriqué, ou tout au moins pas fabriqué en totalité ; il est un certain régime des éléments naturels entourant l'être technique, lié à un certain régime des éléments constituant l'être technique. Le milieu associé est médiateur de la relation entre les éléments techniques fabriqués et les éléments naturels au sein desquels fonctionne l'être technique. Tel est l'ensemble constitué par l'huile et l'eau en mouvement dans la turbine Guimbal et autour d'elle. Cet ensemble est concrétisé et individualisé par les échanges thermiques récurrents qui ont lieu en lui : plus la turbine tourne vite, plus la génératrice dégage de chaleur par effet Joule et pertes magnétiques ; mais plus la turbine tourne vite, plus la turbulence de l'huile autour du rotor et de l'eau autour du carter s'accroît, activant les échanges thermiques entre le rotor et l'eau. C'est ce milieu associé qui est la condition d'existence de l'objet technique inventé. Seuls sont à proprement parler inventés les objets techniques qui nécessitent pour être viables un milieu associé ; ils ne peuvent en effet être formés partie par partie au cours des phases d'une évolution successive, car ils ne peuvent exister que tout entiers ou pas du tout. Les objets techniques qui, dans leur liaison au monde naturel, mettent en jeu de manière essentielle une causalité récurrente ne peuvent qu'être inventés et non progressivement constitués, parce que ces objets sont la cause de leur condition de fonctionnement. Ces objets ne sont viables que si le problème est résolu, c'est-à-dire s'ils existent avec leur milieu associé.

C'est pourquoi on remarque une telle discontinuité dans l'histoire des objets techniques, avec des origines absolues. Seule la pensée capable de prévision et d'imagination créatrice peut opérer ce conditionnement renversé dans le temps : les éléments qui matériellement constitueront l'objet technique, et qui sont séparés les uns des autres, sans milieu associé avant la constitution de l'objet technique, doivent être organisés les uns par rapport aux autres en fonction de la causalité circulaire qui existera lorsque l'objet sera constitué ; il s'agit donc ici d'un conditionnement du présent par l'avenir, par ce qui n'est pas encore. Une pareille fonction d'avenir ne peut que très rarement être l'œuvre du hasard ; elle nécessite la mise en œuvre d'une capacité d'organiser des éléments en vue de certaines exigences ayant valeur d'ensemble, valeur directrice, et jouant le rôle de symboles représentant l'ensemble futur qui n'existe pas encore. L'unité du futur milieu associé dans lequel se déploieront les relations de causalité qui permettront le fonctionnement du nouvel objet technique est *représentée, jouée* comme un rôle peut être joué en l'absence du véritable personnage, par les schèmes de l'imagination créatrice. Le dynamisme de la pensée est le même que celui des objets techniques ; les schèmes mentaux réagissent les uns sur les autres pendant l'invention comme les divers dynamismes de l'objet technique réagiront les uns sur les autres dans le fonctionnement matériel. L'unité du milieu associé de l'objet technique a son analogue dans l'unité du vivant ; pendant l'invention, cette unité du vivant est la cohérence des schèmes mentaux obtenue par le fait qu'ils existent et se déploient dans le même être ; ceux qui sont contradictoires s'affrontent et se réduisent. C'est parce que le vivant est un être individuel qui porte avec lui son milieu associé que le vivant peut inventer ; cette capacité de se conditionner soi-même est au principe de la capacité de produire des objets qui se conditionnent eux-mêmes. Ce qui a échappé à l'attention des psychologues dans l'analyse de l'imagination inventive, ce sont non pas les schèmes ou les formes, ou les opérations, qui sont des éléments spontanément saillants et en relief, mais le fond dynamique sur lequel ces schèmes s'affrontent, se combinent, et auquel ils participent. La psychologie de la Forme, tout en voyant bien la fonction des totalités, a attribué la force à la forme ; une analyse plus profonde du processus imaginatif montrerait sans doute que ce qui est déterminant et joue un rôle énergétique, ce ne sont pas les formes mais ce qui porte les formes, à savoir le fond ; perpétuellement marginal par rapport à l'attention, le fond est ce qui recèle les dynamismes ; il est ce qui fait exister le système des formes ; les formes participent non pas à des formes, mais au fond, qui est le système de toutes les formes ou plutôt le réservoir commun des tendances des formes, avant même qu'elles n'existent à titre séparé et ne se soient constituées en système explicite. La relation de participation qui relie les formes au fond est une relation qui enjambe le présent et diffuse une influence de l'avenir sur le présent, du virtuel sur l'actuel. Car le fond est le système des virtualités, des potentiels, des forces qui cheminent, tandis que les formes sont le système de l'actualité. L'invention est une prise en charge du système de l'actualité par le système des virtualités, la création d'un système unique à partir de ces deux systèmes. Les formes sont passives dans la mesure où elles représentent l'actualité ; elles deviennent actives quand elles s'organisent par rapport au fond, amenant ainsi à l'actualité les virtualités antérieures. Il est sans doute bien difficile d'éclairer les modalités selon lesquelles un

système de formes peut participer à un fond de virtualités.
Nous pouvons dire seulement que c'est selon le même
mode de causalité et de conditionnement que celui qui
existe dans la relation de chacune des structures de l'objet
technique constitué aux dynamismes du milieu associé ;
ces structures sont dans le milieu associé, déterminées par
lui et, à travers lui, par les autres structures de l'être
technique ; elles le déterminent aussi, partiellement, mais
chacune pour elle-même, alors que le milieu technique,
déterminé séparément par chaque structure, les détermine
globalement en leur fournissant des conditions énergétiques,
thermiques, chimiques de fonctionnement. Il y a récurrence
de causalité entre le milieu associé et les structures, mais
cette récurrence n'est pas symétrique. Le milieu joue un
rôle d'information ; il est le siège des auto-régulations, le
véhicule de l'information ou de l'énergie déjà régie par
l'information (par exemple l'eau qui est animée d'un
mouvement plus ou moins rapide et refroidit plus ou moins
vite un carter) ; tandis que le milieu associé est homéostatique,
les structures sont animées d'une causalité non récurrente ;
elles vont chacune dans leur propre sens. Freud a analysé
l'influence du fond sur les formes dans la vie psychique
en interprétant cette influence comme celle d'autres formes
cachées sur les formes explicites ; d'où la notion de
refoulement. En fait, l'expérience prouve bien que la
symbolisation existe (expériences sur un sujet en état
d'hypnose à qui on raconte une scène violemment émotive
et qui, à son réveil, rend compte de cette scène en employant
une transposition symbolique), mais non pas que
l'inconscient soit peuplé de formes comparables aux formes
explicites. La dynamique des tendances suffit à expliquer
la symbolisation si l'on considère comme efficace l'existence
d'un fond psychique sur lequel se déploient et auquel

participent les formes explicites que l'état conscient et l'état de veille font apparaître. C'est le milieu associé à la systématique des formes qui institue entre ces formes des relations de causalité récurrente et qui cause des refontes du système des formes pris dans son ensemble. L'aliénation est la rupture entre fond et formes dans la vie psychique : le milieu associé n'effectue plus la régulation du dynamisme des formes. L'imagination a été mal analysée jusqu'à ce jour parce que les formes ont été investies d'un privilège d'activité et considérées comme ayant l'initiative de la vie psychique et de la vie physique. En réalité, il existe une parenté très grande entre vie et pensée : dans l'organisme vivant, toute la matière vivante coopère à la vie ; ce ne sont pas seulement les structures les plus apparentes, les plus nettes, qui, dans le corps, ont l'initiative de la vie ; le sang, la lymphe, les tissus conjonctifs ont part à la vie ; un individu n'est pas fait seulement d'une collection d'organes rattachés en systèmes ; il est fait aussi de ce qui n'est pas organe, ni structure de la matière vivante en tant qu'elle constitue un milieu associé pour les organes ; la matière vivante est fond des organes ; c'est elle qui les relie les uns aux autres et en fait un organisme ; c'est elle qui maintient les équilibres fondamentaux, thermiques, chimiques, sur lesquels les organes font arriver des variations brusques, mais limitées ; les organes participent au corps. Cette matière vivante est bien loin d'être pure indétermination et pure passivité ; elle n'est pas non plus aspiration aveugle : elle est véhicule d'énergie informée. De même, la pensée comporte des structures nettes, séparées, comme les représentations, les images, certains souvenirs, certaines perceptions. Mais tous ces éléments participent à un fond qui leur apporte une direction, une unité homéostatique, et qui véhicule de l'un à l'autre et de tous à chacun une énergie informée.

On pourrait dire que le fond est l'axiomatique implicite ; en lui s'élaborent des systèmes nouveaux de formes. Sans le fond de la pensée, il n'y aurait pas un être pensant, mais une série sans lien de représentations discontinues. Ce fond est le milieu mental associé aux formes. Il est le moyen terme entre vie et pensée consciente, comme le milieu associé à l'objet technique est un moyen terme entre le monde naturel et les structures fabriquées de l'objet technique. Nous pouvons créer des êtres techniques parce que nous avons en nous un jeu de relations et un rapport matière-forme qui est très analogue à celui que nous instituons dans l'objet technique. Le rapport entre pensée et vie est analogue au rapport entre objet technique structuré et milieu naturel. L'objet technique individualisé est un objet qui a été inventé, c'est-à-dire produit par un jeu de causalité récurrente entre vie et pensée chez l'homme. L'objet qui est seulement associé à la vie ou pensée n'est pas objet technique mais ustensile ou appareil. Il n'a pas de consistance interne, car il n'a pas de milieu associé instituant une causalité récurrente.

III. – L'INDIVIDUALISATION TECHNIQUE

Le principe de l'individualisation de l'objet technique par la causalité récurrente dans le milieu associé permet de penser avec plus de clarté certains ensembles techniques et de savoir s'il faut les traiter comme individu technique ou collection organisée d'individus. Nous dirons qu'il y a individu technique lorsque le milieu associé existe comme condition *sine qua non* de fonctionnement, alors qu'il y a ensemble dans le cas contraire. Soit un laboratoire comme un laboratoire de physiologie des sensations. Un audiomètre est-il un individu technique ? Non, si on le considère sans le secteur d'alimentation et les écouteurs ou haut-parleurs utilisés comme traducteurs électro-acoustiques. L'audiomètre est alors défini comme devant être placé dans certaines conditions de température, de tension, de niveau de bruit, pour que les fréquences et les intensités soient stables et que les mesures de seuils soient possibles. Le coefficient d'absorption de la salle, ses résonances à telle ou telle fréquence doivent entrer en ligne de compte ; le local fait partie de l'appareil complet : l'audiométrie exige soit que l'on opère en plaine et rase campagne, soit que l'on fasse les mesures dans une chambre sourde, avec une suspension anti-microphonique du plancher et de grandes épaisseurs de laine de verre sur les murs. Qu'est donc l'audiomètre en lui-même, tel qu'il est vendu par un constructeur ou tel qu'on le construit soi-même ? Il est un ensemble de formes techniques qui possèdent une relative individualité ; ainsi, il possède en général deux oscillateurs à fréquence élevée dont l'un est fixe, l'autre variable ; le battement inférieur des deux fréquences sert à produire le son audible ; un atténuateur permet de doser l'intensité des stimuli. Chacun de ces oscillateurs ne constitue pas à lui seul un objet technique, parce qu'il nécessite pour être stable une tension de chauffage et une tension anodique stabilisées. Cette stabilisation est obtenue en général au moyen d'un système électronique à causalité récurrente constituant fonctionnellement le milieu associé aux formes techniques des oscillateurs ; cependant, ce milieu associé n'est pas complètement un milieu associé ; il est plutôt un système de transfert, un moyen d'adaptation permettant aux oscillateurs de n'être pas conditionnés par le milieu extérieur naturel et technique ; ce milieu ne deviendrait un véritable milieu associé que si un glissement de fréquence fortuit de l'un des oscillateurs avait pour conséquence une

variation de la tension d'alimentation s'opposant à ce
glissement de fréquence; entre l'alimentation régulée et
les oscillateurs il y aurait alors un échange par causalité
réciproque; ce serait l'ensemble des structures techniques
qui serait auto-stabilisé; ici au contraire, seule l'alimentation
est auto-stabilisée et elle ne réagit pas aux variations
fortuites de la fréquence de l'un des oscillateurs.

La différence théorique et pratique entre ces deux cas
est grande; en effet, si l'alimentation est simplement
stabilisée sans lien de causalité récurrente avec les
oscillateurs, on peut sans inconvénient limiter ou étendre
les utilisations simultanées de cette alimentation; il est
possible par exemple de brancher un troisième oscillateur
sur la même alimentation sans perturber son fonctionnement
pourvu que l'on reste à l'intérieur des limites normales de
débit; tout au contraire, pour obtenir une régulation rétro-
active efficace, il est nécessaire qu'une seule structure soit
rattachée à un seul milieu associé; sinon, des variations
fortuites en sens contraire de deux structures rattachées
non synergiquement au même milieu associé pourraient
se compenser et ne pas aboutir à une réaction régulatrice;
les structures rattachées à un même milieu associé doivent
fonctionner synergiquement. Pour cette raison, l'audiomètre
comprend au moins deux parties distinctes qui ne peuvent
être auto-stabilisées par le même milieu associé : le
générateur de fréquences d'une part et l'amplificateur-
atténuateur d'autre part. Il faut éviter l'action de l'un de
ces ensembles sur l'autre, ce qui conduit en particulier à
séparer soigneusement les deux alimentations et à blinder
électriquement et magnétiquement la paroi qui les sépare
pour éviter toute interaction. Par contre, la limite matérielle
de l'audiomètre n'est pas une limite fonctionnelle;
l'amplificateur-atténuateur se prolonge normalement par

le reproducteur acoustique et par la salle ou l'oreille externe du sujet, selon que l'on emploie un couplage au sujet par haut-parleur ou par écouteurs. Dès lors, on peut poser l'existence de niveaux relatifs d'individualisation des objets techniques. Ce critère a une *valeur axiologique* : la cohérence d'un ensemble technique est maximum lorsque cet ensemble est constitué par des sous-ensembles possédant le même niveau d'individualisation relative. Ainsi, dans un laboratoire de physiologie des sensations, il n'y a aucun avantage à grouper les deux oscillateurs de l'audiomètre et l'amplificateur atténuateur ; il convient par contre de grouper les deux oscillateurs, pour qu'ils soient tous deux affectés en même temps et dans les mêmes proportions par une variation de tension ou de température, afin que la variation de battement inférieur qui résultera de ces deux variations corrélatives des fréquences de chacun des oscillateurs soit aussi réduite qu'il se pourra, étant donné que les deux fréquences fondamentales augmenteront ou diminueront en même temps. Par contre, il serait tout à fait contraire à l'unité fonctionnelle du générateur de fréquences par battement de faire deux alimentations séparées et de brancher celle d'un oscillateur sur une phase du secteur et celle de l'autre sur une autre phase. On romprait l'effet d'auto-stabilisation par compensation de deux variations qui donne à l'*ensemble* des deux oscillateurs une grande stabilité des fréquences du battement inférieur. Par contre, il sera utile de brancher les oscillateurs sur une phase du réseau différente de celle sur laquelle on branche l'amplificateur-atténuateur, de manière à éviter la réaction des variations de consommation anodique de l'amplificateur sur la tension d'alimentation des oscillateurs.

Le principe d'individualisation des objets techniques dans un ensemble est donc celui des sous-ensembles de causalité récurrente dans le milieu associé ; tous les objets techniques qui ont une causalité récurrente dans leur milieu associé doivent être séparés les uns des autres et connectés de manière à maintenir cette indépendance des milieux associés les uns par rapport aux autres. Ainsi, le sous-ensemble des oscillateurs et celui de l'amplificateur-atténuateur-reproducteur doivent être non seulement indépendants par leur alimentation, mais encore indépendants dans le couplage de l'un à l'autre : l'entrée de l'amplificateur doit être à impédance très élevée par rapport à la sortie des oscillateurs, pour qu'une réaction de l'amplificateur sur les oscillateurs soit très faible. Si, par exemple, on branchait directement l'atténuateur à la sortie des oscillateurs, le réglage de cet atténuateur réagirait sur la fréquence des oscillateurs. L'ensemble de degré supérieur qui comprend tous ces sous-ensembles se définit par la capacité de réaliser telle ou telle mise en relation de façon libre, sans détruire l'autonomie des sous-ensembles individualisés. C'est le rôle, par exemple, du tableau général de commande et de connexions dans un laboratoire ; les blindages électrostatiques et électromagnétiques, l'usage de couplages non réactifs comme celui que l'on nomme *cathode-follower* ont pour but de maintenir cette indépendance des sous-ensembles tout en permettant les diverses combinaisons nécessaires entre les fonctionnements des sous-ensembles ; utilisation des résultats de fonctionnements sans interaction entre les conditions des fonctionnements, tel est le rôle fonctionnel au second degré de l'ensemble que l'on peut nommer laboratoire.

On peut alors se demander à quel niveau est l'individualité : au niveau du sous-ensemble ou à celui de l'ensemble? C'est toujours au moyen du critère de la causalité récurrente que l'on peut répondre. En effet, au niveau de l'ensemble supérieur (comme celui d'un laboratoire), il n'y a pas véritablement de milieu associé; s'il existe, c'est seulement à certains égards, et il n'est pas général; ainsi, la présence d'oscillateurs dans la salle où l'on pratique une expérience d'audiométrie est souvent gênante; si ces oscillateurs utilisent des transformateurs à circuit magnétique en fer, la magnétostriction* des feuilles de tôle crée une vibration qui émet un son gênant; un oscillateur à résistances et capacités émet aussi un faible son dû aux attractions électriques alternatives. Il est nécessaire, pour des expériences fines, de placer les appareils dans une autre salle et de les commander à distance, ou d'isoler le sujet dans une chambre sourde. De même encore, le rayonnement magnétique des transformateurs d'alimentation peut gêner beaucoup les amplificateurs dans les expériences d'électroencéphalographie et d'électro-cardiographie. L'ensemble supérieur qu'est un laboratoire est donc surtout constitué par des dispositifs de non-couplage, évitant la création fortuite de milieux associés. L'ensemble se distingue des individus techniques en ce sens que la création d'un unique milieu associé est indésirable; l'ensemble comporte un certain nombre de dispositifs pour lutter contre cette création possible d'un unique milieu associé. Il évite la concrétisation intérieure des objets techniques qu'il contient, et n'utilise que les résultats de leur fonctionnement, sans autoriser l'interaction des conditionnements.

Au-dessous du niveau des individus techniques, existe-t-il encore des groupements possédant une certaine individualité? – Oui, mais cette individualité n'a pas la même structure que celle des objets techniques possédant un milieu associé; c'est celle de la composition plurifonctionnelle sans milieu associé positif, c'est-à-dire sans auto-régulation. Prenons le cas d'une lampe à cathode chaude. Lorsque cette lampe est insérée dans un montage, avec une résistance cathodique de polarisation automatique, elle est bien le siège de phénomènes d'auto-régulation; par exemple, si la tension de chauffage augmente, l'émission cathodique augmente, ce qui fait que la polarisation négative croît; la lampe n'amplifie pas beaucoup plus et son débit ne s'élève guère, non plus que sa dissipation anodique; un phénomène semblable fait que les amplificateurs de classe A* nivellent automatiquement les niveaux de sortie malgré les variations du niveau d'entrée de l'amplificateur. Mais ces contre-réactions régulatrices n'ont pas leur siège uniquement à l'intérieur de la lampe; elles dépendent de l'ensemble du montage, et, dans certains cas, avec des montages déterminés, n'existent pas. Ainsi, une diode dont l'anode chauffe devient conductrice dans les deux sens, ce qui accroît encore l'intensité du courant qui la traverse; la cathode, recevant des électrons en provenance de l'anode, s'échauffe davantage encore et émet toujours plus d'électrons : ce processus destructif manifeste donc une causalité circulaire positive qui fait partie de tout le montage et non pas seulement de la diode.

Les objets techniques infra-individuels peuvent être nommés éléments techniques; ils se distinguent des véritables individus en ce sens qu'ils ne possèdent pas de milieu associé; ils peuvent s'intégrer dans un individu; une lampe à cathode chaude est un élément technique plutôt qu'un individu technique complet; on peut la comparer à ce qu'est un organe dans un corps vivant. Il serait en ce sens possible de définir une organologie générale, étudiant les objets techniques au niveau de l'élément, et qui ferait partie de la technologie, avec la mécanologie, qui étudierait les individus techniques complets.

IV. – ENCHAÎNEMENTS ÉVOLUTIFS ET CONSERVATION DE LA TECHNICITÉ. LOI DE RELAXATION

L'évolution des éléments techniques peut retentir sur celle des individus techniques ; composés d'éléments et d'un milieu associé, les individus techniques dépendent dans une certaine mesure des caractéristiques des éléments qu'ils mettent en œuvre. Ainsi, les moteurs électriques magnétiques peuvent être aujourd'hui beaucoup plus petits qu'au temps de Gramme, parce que les aimants sont considérablement plus réduits. Dans certains cas, les éléments sont comme la cristallisation d'une opération technique antérieure qui les a produits. Ainsi, les aimants à grains orientés, encore nommés aimants à trempe magnétique, sont obtenus au moyen d'un procédé qui consiste à maintenir un vigoureux champ magnétique autour de la masse en fusion qui après refroidissement constituera l'aimant ; on commence ainsi à aimanter la masse en fusion au-dessus du point de Curie*, puis on maintient cette aimantation intense pendant que la masse se refroidit ; quand la masse est froide, elle constitue un aimant beaucoup plus puissant que si elle avait été aimantée après refroidissement. Tout se passe comme si le vigoureux champ magnétique opérait une orientation des molécules dans la masse en fusion, orientation qui se maintient après le refroidissement si le champ magnétique est conservé pendant le refroidissement et le passage à l'état solide. Or, le four, le creuset, les spires créant le champ magnétique constituent un système qui est un ensemble technique ; la chaleur du four ne doit pas agir sur les spires, le champ d'induction créant cette chaleur dans la masse en fusion ne doit pas neutraliser le champ continu destiné à produire l'aimantation. Cet ensemble technique est lui-même constitué par un certain nombre d'individus techniques organisés entre eux quant à leur résultat de fonctionnement et ne se gênant pas dans le conditionnement de leur fonctionnement particulier. Ainsi, dans l'évolution des objets techniques, on assiste à un passage de causalité qui va des ensembles antérieurs aux éléments postérieurs; ces éléments, introduits dans un individu dont ils modifient les caractéristiques, permettent à la causalité technique de remonter du niveau des éléments au niveau des individus, puis de celui des individus à celui des ensembles; de là, dans un nouveau cycle, la causalité technique redescend par un processus de fabrication au niveau des éléments où elle se réincarne dans de nouveaux individus, puis dans de nouveaux ensembles. Il existe donc ainsi une ligne de causalité qui n'est pas rectiligne, mais en dents de scie, la même réalité existant sous forme d'élément, puis de caractéristique de l'individu et enfin de caractéristique de l'ensemble.

La solidarité historique qui existe entre les réalités techniques passe par l'intermédiaire de la fabrication d'éléments. Pour qu'une réalité technique ait une postérité, il ne suffit pas qu'elle se perfectionne en elle-même : il faut encore qu'elle se réincarne et participe à ce devenir cyclique selon une formule de relaxation dans les niveaux de réalité. La solidarité des êtres techniques les uns par rapport aux autres dans le présent masque en général cette autre solidarité beaucoup plus essentielle, qui exige une dimension temporelle d'évolution, mais n'est pas identique à l'évolution biologique, ne comportant guère ces changements successifs de niveau et s'effectuant selon des lignes plus continues. Transposée en termes biologiques, l'évolution technique consisterait en ce fait qu'une espèce produirait un organe qui serait donné à un individu, devenant par là le premier terme d'une lignée spécifique qui à son tour produirait un organe nouveau. Dans le domaine de la vie, l'organe n'est pas détachable de l'espèce ; dans le domaine technique, l'élément, précisément parce qu'il est fabriqué, est détachable de l'ensemble qui l'a produit ; là est la différence entre l'*engendré* et le *produit*. Le monde technique possède ainsi une dimension historique en plus de sa dimension spatiale. La solidarité actuelle ne doit pas masquer la solidarité du successif ; c'est en effet cette dernière solidarité qui détermine par sa loi d'évolution en dents de scie les grandes époques de la vie technique.

Un tel rythme de relaxation ne trouve son correspondant nulle part ailleurs ; le monde humain pas plus que le monde géographique ne peuvent produire d'oscillations de relaxation, avec des accès successifs, des jaillissements de structures nouvelles. Ce temps de relaxation est le temps technique propre ; il peut devenir dominant par rapport à tous les autres aspects du temps historique, si bien qu'il peut synchroniser les autres rythmes de développement et paraître déterminer toute l'évolution historique alors qu'il en synchronise et en entraîne seulement les phases. Comme exemple de cette évolution selon un rythme de relaxation on peut prendre celle des sources d'énergie depuis le XVIIIᵉ siècle. Une grande partie de l'énergie employée au XVIIIᵉ siècle provenait des chutes d'eau, des déplacements de l'air atmosphérique, et des animaux. Ces types de force motrice correspondaient à une exploitation artisanale ou en fabriques assez restreintes, dispersées au long des cours d'eau. De ces fabriques artisanales sont sorties les machines

thermodynamiques à rendement élevé du début du
XIXe siècle, et la locomotive moderne, qui résulte de
l'adaptation à la chaudière tubulaire de Marc Seguin, légère
et plus petite qu'une chaudière à bouilleurs, de la coulisse
de Stephenson, permettant de faire varier le rapport entre
le temps d'admission et le temps de détente, ainsi que de
passer en marche arrière (renversement de la vapeur)
progressivement, par l'intermédiaire du point mort. Cette
invention mécanique de type artisanal qui donne au moteur
de traction la capacité de s'appliquer à des profils très
variés, avec de larges variations du couple moteur, au prix
seulement d'une perte de rendement pour les régimes de
très hautes puissances (temps d'admission presque égal à
la totalité du temps moteur), rend l'énergie thermique
aisément adaptable à la traction sur rail. La coulisse de
Stephenson et la chaudière tubulaire, éléments sortant de
l'ensemble artisanal du XVIIIe siècle, entrent dans les
individus nouveaux du XIXe siècle, sous la forme, en
particulier, de la locomotive. Les transports de gros
tonnages, devenus possibles à travers toutes les contrées
et non plus seulement suivant les courbes de niveau et les
méandres des voies navigables, conduisent à la concentration
industrielle du XIXe siècle, qui non seulement incorpore
des individus dont le principe de fonctionnement est fondé
sur la thermodynamique, mais qui est essentiellement
thermodynamique dans ses structures ; ainsi, c'est autour
des sources charbonnières d'énergie thermique et autour
des lieux où l'on emploie le plus d'énergie thermique (les
mines de charbon et les usines métallurgiques) que se
concentrent les grands ensembles industriels du XIXe siècle
à son apogée. De l'élément thermodynamique on a passé
à l'individu thermodynamique et des individus thermodynamiques à l'ensemble thermodynamique.

Or, c'est comme éléments produits par ces ensembles thermodynamiques que les principaux aspects de l'électrotechnique apparaissent. Avant d'avoir leur autonomie, les applications de l'énergie électrique apparaissent comme des moyens très souples de transmettre de l'énergie d'un lieu à un autre au moyen d'une ligne de transport d'énergie. Les métaux à haute perméabilité magnétique sont des éléments produits par les applications de la thermodynamique en métallurgie. Les câbles de cuivre, les porcelaines à haute résistance des isolateurs sortent des tréfileries à vapeur et des fours à charbon. Les charpentes métalliques des pylônes, les ciments des barrages viennent des grandes concentrations thermodynamiques et entrent comme éléments dans les nouveaux individus techniques que sont les turbines et les alternateurs. Alors une nouvelle montée, une nouvelle constitution d'êtres s'accentue et se concrétise. La machine de Gramme laisse la place, dans la production d'énergie électrique, à l'alternateur polyphasé ; les courants continus des premiers transports d'énergie laissent la place aux courants alternatifs à fréquence constante, adaptés à la production par turbine thermique et par conséquent aussi à la production par turbine hydraulique. Ces individus électrotechniques se sont intégrés dans des ensembles de production, de répartition et d'utilisation de l'énergie électrique dont la structure diffère beaucoup de celle des concentrations thermodynamiques. Le rôle joué par les chemins de fer dans la concentration thermodynamique est remplacé par celui que jouent les lignes à haute tension d'interconnexion dans l'ensemble d'électricité industrielle.

Au moment où les techniques électriques atteignent leur plein développement, elles produisent à titre d'élément des schèmes nouveaux qui amorcent une nouvelle phase : c'est d'abord l'accélération des particules, réalisée initialement par des champs électriques, puis par des champs électriques continus et des champs magnétiques alternatifs, et qui conduit à la construction d'individus techniques ayant fait découvrir la possibilité d'exploiter l'énergie nucléaire; c'est ensuite, et très remarquablement, la possibilité d'extraire, grâce à la métallurgie électrique, des métaux comme le silicium qui permettent une transformation de l'énergie radiante de la lumière en courant électrique, avec un rendement qui atteint déjà un taux intéressant pour des applications restreintes (6 %), et qui n'est pas beaucoup plus bas que celui des premières machines à vapeur. La photopile au silicium pur, produit des grands ensembles électrotechniques industriels, est l'élément qui n'est pas encore incorporé à un individu technique; elle n'est encore qu'un objet de curiosité situé à l'extrême pointe des possibilités techniques de l'industrie électrométallurgique, mais il est possible qu'elle devienne le point de départ d'une phase de développement analogue à celle que nous avons connue, et qui n'est pas encore complètement achevée, avec le développement de la production et de l'utilisation de l'électricité industrielle.

Or, chaque phase de relaxation est capable de synchroniser des aspects mineurs ou presque également importants; ainsi, le développement de la thermodynamique est allé de pair avec celui des transports non seulement de charbon mais de voyageurs par chemin de fer; au contraire, le développement de l'électrotechnique est allé de pair avec le développement des transports automobiles; l'automobile, bien qu'elle soit thermodynamique en son principe, utilise comme un auxiliaire essentiel l'énergie électrique, en particulier pour l'allumage. La décentralisation industrielle autorisée par le transport de l'énergie électrique à grande distance a besoin, comme corrélatif, de l'automobile comme moyen de transport des personnes en des lieux éloignés les uns des autres et à des altitudes différentes, ce qui correspond à la route et non au rail. L'automobile et la ligne à haute tension sont des structures techniques parallèles, synchronisées, mais non identiques : l'énergie électrique ne se laisse pas, actuellement, appliquer à la traction automobile.

De même, il n'y a aucune parenté entre l'énergie nucléaire et celle que l'on obtient par effet photoélectrique ; cependant, ces deux formes sont parallèles, et leurs développements sont susceptibles de se synchroniser mutuellement [1] ; ainsi, l'énergie nucléaire restera probablement fort longtemps inapplicable sous forme directe à des utilisations restreintes, comme celles qui consomment quelques dizaines de watts ; au contraire, l'énergie photoélectrique est une énergie très décentralisable ; elle est essentiellement décentralisée dans sa production, alors que l'énergie nucléaire est essentiellement centralisée. La relation qui existait entre l'énergie électrique et l'énergie retirée de la combustion de l'essence existe encore entre l'énergie d'origine nucléaire et l'énergie d'origine photoélectrique, avec peut-être une différence plus accentuée.

V. – TECHNICITÉ ET ÉVOLUTION DES TECHNIQUES : LA TECHNICITÉ COMME INSTRUMENT DE L'ÉVOLUTION TECHNIQUE

Les différents aspects de l'individualisation de l'être technique constituent le centre d'une évolution qui procède par étapes successives, mais qui n'est pas dialectique au sens propre du terme, car le rôle de la négativité n'y est pas d'être moteur du progrès. La négativité dans le monde

---

1. Et de se conjuguer : une photopile peut être irradiée par une source radioactive.

technique est un défaut d'individuation, une jonction incomplète du monde naturel et du monde technique; cette négativité n'est pas moteur de progrès; ou plutôt, elle est moteur de changement, elle incite l'homme à rechercher des solutions nouvelles plus satisfaisantes que celles qu'il possède. Mais ce désir de changement n'opère pas directement dans l'être technique; il opère seulement dans l'homme comme inventeur et comme utilisateur; de plus, ce changement ne doit pas être confondu avec le progrès; un changement trop rapide est contraire au progrès technique, car il empêche la transmission, sous forme d'éléments techniques, de ce qu'une époque a acquis à celle qui la suit.

Pour que le progrès technique existe, il faut que chaque époque puisse donner à celle qui la suit le fruit de son effort technique; ce ne sont pas les ensembles techniques, ni même les individus, qui peuvent passer d'une époque à une autre, mais les éléments que ces individus, groupés en ensembles, ont pu produire; les ensembles techniques, en effet, possèdent, grâce à leur capacité d'intercommutation interne, la possibilité de sortir d'eux-mêmes en produisant des éléments différents des leurs. Les êtres techniques sont différents des êtres vivants par beaucoup d'aspects, mais ils le sont essentiellement sous le rapport suivant: un être vivant engendre des êtres semblables à lui, ou qui peuvent le devenir après un certain nombre de réorganisations successives s'accomplissant de façon spontanée si les conditions convenables sont réalisées; au contraire, un être technique ne possède pas cette capacité; il ne peut spontanément produire d'autres êtres techniques semblables à lui, malgré les efforts des cybernéticiens qui ont tenté d'obliger les êtres techniques à copier le vivant en construisant des êtres semblables à eux: cela n'est actuellement possible que de manière supposée, et sans grand fondement ; mais l'être technique a une plus grande liberté que le vivant, permise par une perfection infiniment moins grande ; dans ces conditions, l'être technique peut produire des éléments qui recueillent le degré de perfection auquel un ensemble technique est arrivé, et qui, eux, peuvent être réunis pour permettre la constitution d'êtres techniques nouveaux, sous forme d'individus ; il n'y a donc pas ici engendrement, procession, ni production directe, mais production indirecte par constitution d'éléments renfermant un certain degré de perfection technique.

Cette affirmation nécessite que l'on précise ce qu'est la perfection technique. Empiriquement et extérieurement, on peut dire que la perfection technique est une qualité pratique, ou tout au moins le support matériel et structural de certaines qualités pratiques ; ainsi, un bon outil n'est pas seulement celui qui est bien façonné et bien taillé. Pratiquement, une herminette peut être en mauvais état, mal affûtée, sans être pourtant un mauvais outil ; une herminette est un bon outil si d'une part elle possède une courbure convenant à une attaque franche et bien dirigée du bois, et si d'autre part elle peut recevoir et conserver un bon affûtage même lorsqu'on l'emploie pour travailler dans les bois durs. Or, cette dernière qualité résulte d'un ensemble technique qui a servi à produire l'outil. C'est comme élément fabriqué que l'herminette peut être faite d'un métal dont la composition varie selon les différents points ; cet outil n'est pas seulement un bloc de métal homogène façonné selon une certaine forme ; il a été forgé, c'est-à-dire que les chaînes moléculaires du métal ont une certaine orientation qui varie avec les endroits, comme un bois dont les fibres seraient disposées pour offrir la plus grande solidité et la plus grande élasticité, tout particulièrement dans les parties intermédiaires entre le fil du tranchant et la partie plate et épaisse qui va de l'œillet au tranchant; cette région proche du tranchant se déforme élastiquement au cours du travail, car elle opère comme un coin et un levier sur le copeau de bois en train de se lever. Enfin, l'extrême tranchant est aciéré plus fortement que toutes les autres parties; il doit l'être fortement, mais d'une manière bien délimitée, sinon une trop grande épaisseur de métal aciéré rendrait l'outil cassant, et le fil se briserait par éclats. Tout se passe comme si l'outil dans sa totalité était fait d'une pluralité de zones fonctionnellement différentes, soudées les unes aux autres. L'outil n'est pas fait seulement de forme et de matière; il est fait d'éléments techniques élaborés selon un certain schème de fonctionnement et assemblés en structure stable par l'opération de fabrication. L'outil recueille en lui le résultat du fonctionnement d'un ensemble technique. Pour faire une bonne herminette, il faut l'ensemble technique de la fonderie, de la forge, de la trempe.

La technicité de l'objet est donc plus qu'une qualité d'usage; elle est ce qui, en lui, s'ajoute à une première détermination donnée par un rapport de forme et de matière; elle est comme l'intermédiaire entre forme et matière, par exemple ici, l'hétérogénéité progressive de la trempe selon les différents points. La technicité est le degré de concrétisation de l'objet. C'est cette concrétisation qui a fait, au temps de la fonderie de bois, la valeur et le renom des lames de Tolède, et, naguère, la qualité des aciers de Saint-Étienne. Ces aciers expriment le résultat du fonctionnement d'un ensemble technique qui comprenait aussi bien les caractères du charbon employé que la température et la composition chimique des eaux non calcaires du Furens, ou l'essence des bois verts utilisés pour le remuage et l'affinage du métal en fusion, avant la coulée. En certains cas, la technicité devient prépondérante par rapport aux caractères abstraits du rapport matière-forme. Ainsi, un ressort hélicoïdal est chose fort simple par sa forme et sa matière ; pourtant, la fabrication des ressorts demande un haut degré de perfection de l'ensemble technique qui les produit. Souvent, la qualité d'individus comme un moteur, un amplificateur, dépend de la technicité des éléments simples (ressorts de soupapes, transformateur de modulation) bien plus que de l'ingéniosité du montage. Or, les ensembles techniques capables de produire certains éléments simples comme un ressort ou un transformateur sont parfois extrêmement vastes et complexes, presque coextensifs à toutes les ramifications de plusieurs industries mondiales. Il ne serait pas exagéré de dire que la qualité d'une simple aiguille exprime le degré de perfection de l'industrie d'une nation. Ainsi s'explique le fait qu'il existe avec assez de légitimité des jugements à la fois pratiques et techniques comme ceux qui qualifient une aiguille « d'aiguille anglaise ». De tels jugements ont un sens parce que les ensembles techniques s'expriment dans les plus simples éléments qu'ils produisent. Certes, ce mode de pensée existe pour d'autres raisons que celles qui le légitiment, et tout particulièrement parce qu'il est plus facile de qualifier un objet technique par son origine que de porter sur lui un jugement de valeur intrinsèque ; c'est là un phénomène d'opinion ; mais ce phénomène, bien qu'il puisse donner lieu à mainte exagération ou exploitation intentionnelle, n'est pas sans fondement.

La technicité peut être considérée comme un caractère positif de l'élément, analogue à l'auto-régulation exercée par le milieu associé dans l'individu technique. La technicité au niveau de l'élément est la concrétisation ; elle est ce qui fait que l'élément est réellement élément produit par un ensemble, mais non ensemble lui-même ou individu ; cette caractéristique le rend détachable de l'élément et le libère pour que de nouveaux individus puissent être constitués. Certes, il n'y a aucune raison péremptoire pour attribuer la seule technicité à l'élément ; le milieu associé est dépositaire de la technicité au niveau de l'individu, comme l'étendue l'est de l'intercommutativité au niveau de l'ensemble ; cependant, il est bon de réserver le terme de technicité à cette qualité de l'élément par laquelle ce qui a été acquis dans un ensemble technique s'exprime et se conserve pour être transporté à une nouvelle période. C'est de la réalité technique concrétisée que transporte l'élément, tandis que l'individu et l'ensemble contiennent cette réalité technique sans pouvoir la véhiculer et la transmettre ; ils ne peuvent que produire ou se conserver mais non transmettre ; les éléments ont une propriété transductive qui fait d'eux les vrais porteurs de la technicité, comme les graines qui véhiculent les propriétés de l'espèce et vont refaire des individus nouveaux. C'est donc dans les éléments que la technicité existe de la manière la plus pure, pour ainsi dire à l'état libre, alors qu'elle n'est, dans les individus et les ensembles, qu'à l'état de combinaison.

Or, cette technicité dont les éléments sont les porteurs ne comporte pas de négativité, et aucun conditionnement négatif n'intervient au moment de la production des éléments par les ensembles ou des individus par l'invention qui réunit des éléments pour former des individus. L'invention, qui est création de l'individu, suppose chez l'inventeur la connaissance intuitive de la technicité des éléments ; l'invention s'accomplit à ce niveau intermédiaire entre le concret et l'abstrait qui est le niveau des schèmes, supposant l'existence préalable et la cohérence des représentations qui recouvrent la technicité de l'objet de symboles faisant partie d'une systématique et d'une dynamique imaginatives. L'imagination n'est pas seulement faculté d'inventer ou de susciter des représentations en dehors de la sensation ; elle est aussi capacité de percevoir dans les objets certaines qualités qui ne sont pas pratiques, qui ne sont ni directement sensorielles ni entièrement géométriques, qui ne se rapportent ni à la pure matière ni à la pure forme, mais qui sont à ce niveau intermédiaire des schèmes.

Nous pouvons considérer l'imagination technique comme définie par une sensibilité particulière à la technicité des éléments ; c'est cette sensibilité à la technicité qui permet la découverte des assemblages possibles ; l'inventeur ne procède pas *ex nihilo*, à partir de la matière à laquelle il donne une forme, mais à partir d'éléments déjà techniques, auxquels on découvre un être individuel susceptible de les incorporer. La compatibilité des éléments dans l'individu technique suppose le milieu associé : l'individu technique doit donc être imaginé, c'est-à-dire supposé construit en tant qu'ensemble de schèmes techniques ordonnés ; l'individu est un système stable des technicités des éléments organisées en ensemble. Ce sont les technicités qui sont organisées, ainsi que les éléments comme supports de ces technicités, non les éléments eux-mêmes pris dans leur matérialité. Un moteur est un assemblage de ressorts, d'axes, de systèmes volumétriques définis chacun par leurs caractéristiques et leur technicité, non par leur matérialité ; aussi, une relative indétermination peut subsister dans la localisation de tel ou tel élément par rapport à tous les autres. La place de certains éléments est choisie plus en vertu de considérations extrinsèques que de considérations intrinsèques concernant le seul objet technique relativement aux divers processus de son fonctionnement. Les déterminations intrinsèques, appuyées sur la technicité de chacun des éléments, sont celles qui constituent le milieu associé. Or, le milieu associé est la concrétisation des technicités apportées par tous les éléments, dans leurs réactions mutuelles. Les technicités peuvent être conçues comme des conduites stables, exprimant les caractères des éléments, plutôt que comme de simples qualités : elles sont des puissances, au sens le plus plein du terme, c'est-à-dire des capacités de produire ou de subir un effet d'une manière déterminée.

Plus la technicité d'un élément est élevée, plus la marge d'indétermination de cette puissance diminue. C'est ce que nous voulions exprimer en disant que l'objet technique élémentaire se concrétise lorsque sa technicité augmente. On pourrait aussi nommer cette puissance *capacité*, si l'on entend la caractériser relativement à un emploi déterminé. Généralement, plus la technicité d'un élément technique est élevée, plus les conditions d'emploi de cet élément sont larges, en raison de la haute stabilité de l'élément. Ainsi, la technicité d'un ressort s'élève lorsqu'il est capable de supporter sans perdre son élasticité des températures plus élevées, lorsqu'il conserve sans modification importante son coefficient d'élasticité dans des limites thermiques et mécaniques plus étendues : il reste techniquement un ressort dans de plus larges limites, et convient à des conditions moins restreintes d'incorporation à tel ou tel individu technique. Un condensateur électrolytique* a un moindre degré de technicité qu'un condensateur à diélectrique sec, comme le papier ou le mica. En effet, un condensateur électrolytique a une capacité qui varie en fonction de la tension à laquelle on le soumet ; ses limites thermiques d'utilisation sont plus restreintes. Il varie dans le même temps si on le soumet à une tension constante, parce que l'électrolyte comme les électrodes se modifient chimiquement au cours du fonctionnement. Au contraire, les condensateurs à diélectrique sec sont plus stables. Toutefois, ici encore, la qualité de technicité augmente avec l'indépendance des caractéristiques par rapport aux conditions d'utilisation ; un condensateur au mica est meilleur qu'un condensateur au papier, et le condensateur à vide est le meilleur de tous, car il n'est même plus soumis à la condition de limite de tension sous peine de perforation de l'isolant ; à un degré intermédiaire, le condensateur à céramique argentée, qui varie très peu avec la température, et le condensateur à air, donnent un haut degré de technicité. On doit remarquer en ce sens qu'il n'y a pas nécessairement de corrélation entre le prix commercial d'un objet technique et sa qualité technique élémentaire. Très souvent, les considérations de prix n'interviennent pas de manière absolue, mais à travers une autre exigence, comme celle de la place ; ainsi, un condensateur électrolytique est préféré à un condensateur à diélectrique sec lorsqu'une capacité élevée obligerait à employer un volume trop important pour loger le condensateur ; de même, un condensateur à air est très encombrant par rapport à un condensateur sous vide de même capacité ; il est pourtant beaucoup moins cher, et d'une sécurité d'emploi aussi grande en atmosphère sèche. Les considérations économiques interviennent donc dans un assez grand nombre de cas non pas directement, mais à travers le retentissement du degré de concrétisation de l'objet technique sur son emploi dans l'ensemble individuel. C'est la formule générale de l'être individuel qui est soumise à ce retentissement économique, non l'élément en tant qu'élément. La liaison du domaine technique et du domaine économique se fait au niveau de l'individu ou de l'ensemble, mais très rarement au niveau de l'élément ; en ce sens, on peut dire que la valeur technique est assez largement indépendante de la valeur économique et peut être appréciée selon des critères indépendants.

Cette transmission de la technicité par les éléments fonde la possibilité du progrès technique par-dessus l'apparente discontinuité des formes, des domaines, des types d'énergie employés, parfois même des schèmes de fonctionnement. Chaque étape de développement est légataire des époques précédentes, et le progrès est d'autant plus sûr qu'elle tend davantage et plus parfaitement vers l'état de légataire universelle.

L'objet technique n'est pas directement un objet historique : il n'est soumis au cours du temps que comme véhicule de la technicité, selon le rôle transductif qu'il joue d'une époque à une autre. Ni les ensembles techniques ni les individus techniques ne demeurent ; seuls les éléments ont le pouvoir de transmettre la technicité, sous forme effectuée, accomplie, matérialisée dans un résultat, d'une époque à une autre. Pour cette raison, il est légitime d'analyser l'objet technique comme consistant en individus techniques ; mais il est nécessaire de préciser que l'élément technique, à certains moments de l'évolution, a un sens par lui-même, et est dépositaire de la technicité. On peut, à cet égard, fonder l'analyse des techniques d'un groupe humain sur l'analyse des éléments produits par leurs individus et leurs ensembles : souvent, ces éléments seuls ont le pouvoir de survivre à la ruine d'une civilisation, et restent comme témoins valables d'un état de développement technique. En ce sens, la méthode des ethnologues est parfaitement valable ; mais on pourrait prolonger son application en analysant aussi les éléments produits par les techniques industrielles.

En effet, il n'y a pas de différence foncière entre les peuples n'ayant pas d'industrie et ceux qui ont une industrie bien développée. Même chez les peuples n'ayant aucun développement industriel, les individus techniques et les ensembles techniques existent; toutefois, au lieu d'être stabilisés par des institutions qui les fixent et les perpétuent en les installant, ces individus et ces ensembles sont temporaires ou même occasionnels; seuls sont conservés, d'une opération technique à une autre, les éléments, c'est-à-dire les outils ou certains objets fabriqués. Construire une embarcation est une opération qui nécessite un véritable ensemble technique : sol assez plat et pourtant près du cours d'eau, abrité et pourtant éclairé, avec des supports et des cales pour maintenir l'embarcation en voie de construction. Le chantier, comme ensemble technique, peut être temporaire : il n'en est pas moins un chantier constituant un ensemble. De nos jours d'ailleurs, il existe encore de semblables ensembles techniques temporaires, parfois très développés et complexes, comme les chantiers de construction des immeubles; d'autres sont provisoires tout en étant plus durables, comme les mines ou les points de forage pour le pétrole.

Tout ensemble technique n'a pas nécessairement la forme stable de l'usine ou de l'atelier. Par contre, il semble que les civilisations non-industrielles se distinguent surtout des nôtres par l'absence d'individus techniques. Cela est vrai si l'on entend que ces individus techniques n'existent pas matériellement de façon stable et permanente; toutefois, la fonction d'individualisation technique est assumée par des individus humains; l'apprentissage au moyen duquel un homme forme des habitudes, des gestes, des schèmes d'action qui lui permettent de se servir des outils très variés que la totalité d'une opération exige pousse cet homme à s'individualiser techniquement; c'est lui qui devient milieu associé des divers outils; quand il a tous les outils bien en main, quand il sait le moment où il faut changer d'outil pour continuer le travail, ou employer deux outils à la fois, il assure par son corps la distribution interne et l'auto-régulation de la tâche [1]. Dans certains cas, l'intégration des individus techniques dans l'ensemble se fait par l'inter-médiaire d'une association d'individus humains travaillant par deux, par trois, ou en groupes plus vastes; quand ces groupements n'introduisent pas de différenciation fonctionnelle, ils ont seulement pour fin directe d'accroître l'énergie disponible ou la rapidité du travail; mais quand ils font appel à une différenciation, ils montrent bien la genèse d'un ensemble à partir d'hommes employés comme individus techniques plus que comme individus humains : tel était le perçage au moyen de la tarière à archet décrite par les auteurs de l'antiquité classique : tel est encore de nos jours l'abattage de certains arbres; tel était il y a peu de temps, de manière très courante, le sciage de long destiné à faire des planches et des chevrons; deux hommes travaillaient ensemble, en rythme alterné. Ceci explique que, dans certains cas, l'individualité humaine puisse être employée fonctionnellement comme support de l'indivi-dualité technique; l'existence d'individualités techniques à titre séparé est assez récente et paraît même, à certains

1. De là vient en partie la noblesse du travail artisanal : l'homme est dépositaire de la technicité, et le travail est le seul mode d'expression de cette technicité. Le devoir de travailler traduit cette exigence d'expression; refuser de travailler alors que l'on possède un savoir technique qui ne peut être exprimé que par le travail, parce qu'il n'est pas formulable en termes intellectuels, ce serait mettre la lumière sous le boisseau. Au contraire, l'exigence d'expression n'est plus liée au travail lorsque la technicité est devenue immanente à un savoir formulable abstraitement, en dehors de toute actualisation concrète.

égards, une imitation de l'homme par la machine, la machine étant la forme la plus générale de l'individu technique. Or, les machines sont en réalité très peu semblables à l'homme, et même quand elles fonctionnent de manière à produire des résultats comparables, il est très rare qu'elles emploient des procédés identiques à ceux du travail de l'homme individuel. En fait, l'analogie est le plus souvent très extérieure. Mais, si l'homme ressent souvent une frustration devant la machine, c'est parce que la machine le remplace fonctionnellement en tant qu'individu : la machine remplace l'homme porteur d'outils. Dans les ensembles techniques des civilisations industrielles, les postes où plusieurs hommes doivent travailler en un étroit synchronisme deviennent plus rares que par le passé, caractérisé par le niveau artisanal. Au contraire, au niveau artisanal, il est très fréquent que certains travaux exigent un groupement d'individus humains ayant des fonctions complémentaires : pour ferrer un cheval, il faut un homme qui tienne le pied du cheval et un autre qui mette le fer, puis le cloue. Pour bâtir, le maçon avait son aide, le goujat. Pour battre au fléau, il faut posséder une bonne perception des structures rythmiques, qui synchronisent les mouvements alternés des membres de l'équipe. Or, on ne peut affirmer que ce sont les aides seuls qui ont été remplacés par des machines ; c'est le support même de l'individualisation technique qui a changé : ce support était un individu humain ; il est maintenant la machine ; les outils sont portés par la machine, et on pourrait définir la machine comme ce qui porte ses outils et les dirige. L'homme dirige ou règle la machine porteuse d'outils ; il réalise des groupements de machines mais ne porte pas les outils ; la machine accomplit bien le travail central, celui du maréchal-ferrant et non celui de l'aide ; l'homme, dégagé de cette fonction d'individu technique qui est la fonction artisanale par essence, peut devenir soit organisateur de l'ensemble des individus techniques, soit aide des individus techniques : il graisse, nettoie, enlève débris et bavures, c'est-à-dire joue le rôle d'un auxiliaire, à certains égards ; il fournit la machine en éléments, changeant la courroie, affûtant le foret ou l'outil de tour. Il a donc, en ce sens, un rôle au-dessous de l'individualité technique, et un autre rôle au-dessus : servant et régleur, il encadre la machine, individu technique, en s'occupant du rapport de la machine aux éléments et à l'ensemble ; il est organisateur des relations entre les niveaux techniques, au lieu d'être lui-même un des niveaux techniques, comme l'artisan. Pour cette raison, un technicien adhère moins à sa spécialisation professionnelle qu'un artisan.

Toutefois, ceci ne signifie en aucune manière que l'homme ne puisse être individu technique et travailler en liaison avec la machine ; cette relation homme-machine est réalisée quand l'homme, à travers la machine, applique son action au monde naturel ; la machine est alors véhicule d'action et d'information, dans une relation à trois termes : homme, machine, monde, la machine étant entre l'homme et le monde. Dans ce cas, l'homme conserve certains traits de technicité définis en particulier par la nécessité d'un apprentissage. La machine sert alors essentiellement de relais, d'amplificateur de mouvements, mais c'est encore l'homme qui conserve en lui le centre de cet individu technique complexe qu'est la réalité constituée par l'homme et la machine. On pourrait dire que, dans ce cas, l'homme est porteur de machine, la machine restant porteuse d'outils ; cette relation est donc partiellement comparable à celle de la machine-outil, si l'on entend par machine-outil celle qui ne comporte pas d'auto-régulation. C'est encore l'homme qui est au centre du milieu associé dans cette relation ; la machine-outil est celle qui n'a pas de régulation intérieure autonome, et qui nécessite un homme pour la faire fonctionner. L'homme intervient ici comme être vivant ; il utilise son propre sens de l'auto-régulation pour opérer celle de la machine, sans même que cette nécessité soit consciemment formulée : un homme laisse « reposer » un moteur de voiture qui chauffe exagérément, le met en route progressivement à partir de l'état froid sans exiger un effort très énergique au début. Ces conduites, justifiées techniquement, ont leur corrélatif dans les régulations vitales, et se trouvent vécues plus que pensées par le conducteur. Elles s'appliquent d'autant mieux à l'objet technique qu'il approche davantage du statut de l'être concret, englobant dans son fonctionnement des régulations homéostatiques. Il existe en effet pour l'objet technique devenu concret un régime pour lequel les processus d'auto-destruction sont réduits au minimum, parce que les régulations homéostatiques s'exercent le plus parfaitement possible. C'est le cas du moteur Diesel, exigeant une température définie de fonctionnement et un régime de rotation compris entre un minimum et un maximum assez rapprochés, alors que le moteur à essence est plus souple, parce que moins concret. De même, un tube électronique ne peut fonctionner avec une température quelconque de la cathode ou sous une tension anodique indéterminée ; pour les tubes de puissance en particulier, une température trop basse de la cathode provoque l'arrachement par le champ électrique des particules d'oxyde émissives d'électrons ; d'où la nécessité d'une mise en route progressive, commençant par le chauffage des cathodes sans tension anodique, puis la mise sous tension des anodes. Si les circuits de polarisation sont automatiques (alimentés par le courant cathodique), ils doivent être progressivement mis sous tension par une alimentation graduelle des anodes ; sans cette précaution, il se produirait un court instant pendant lequel le débit cathodique existerait déjà avant que la polarisation n'ait atteint son niveau normal (la polarisation, produite par ce débit et proportionnelle à lui, tend à le limiter) : le débit cathodique, non encore limité par cette réaction négative, dépasserait le maximum admissible.

Très généralement, les précautions que l'homme prend pour la conservation de l'objet technique ont pour fin de maintenir ou d'amener son fonctionnement dans les conditions qui le rendent non auto-destructif, c'est-à-dire dans les conditions où il exerce sur lui-même une réaction négative stabilisante ; au delà de certaines limites, les réactions deviennent positives, et par conséquent destructives ; c'est le cas du moteur qui, s'échauffant trop, commence à gripper, et, s'échauffant encore plus à cause de la chaleur dégagée par le grippage, se détériore de manière irréversible ; de même, un tube électronique dont l'anode est portée au rouge perd sa conductivité asymétrique, en particulier dans la fonction de redressement : il entre alors dans une phase de réaction positive. Le fait de le laisser refroidir assez tôt permet de retrouver le fonctionnement normal.

Ainsi, l'homme peut intervenir comme substitut de l'individu technique, et raccorder des éléments aux ensembles à une époque où la construction des individus techniques n'est pas possible.

Dans la réflexion sur les conséquences du développement technique en relation avec l'évolution des sociétés humaines, c'est du processus d'individualisation des objets techniques qu'il faut tenir compte avant tout ; l'individualité humaine se trouve de plus en plus dégagée de la fonction technique par la construction d'individus techniques ; les fonctions qui restent pour l'homme sont au-dessous et au-dessus de ce rôle de porteur d'outil, vers la relation aux éléments et vers la relation aux ensembles. Or, comme ce qui jadis était employé dans le travail technique était précisément l'individualité de l'homme qui devait se techniciser puisque la machine ne le pouvait pas, la coutume a été prise de donner à chaque individu humain, dans le travail, une seule fonction ; ce monisme fonctionnel était parfaitement utile et nécessaire lorsque l'homme devenait individu technique. Mais il crée actuellement un malaise, parce que l'homme, cherchant toujours à être individu technique, n'a plus de place stable près de la machine : il devient servant de la machine ou organisateur de l'ensemble technique ; or, pour que la fonction humaine ait un sens, il est nécessaire que chaque homme employé à une tâche technique entoure la machine aussi bien par le haut que par le bas, la comprenne en quelque sorte, et s'occupe de ses éléments aussi bien que de son intégration dans l'ensemble fonctionnel. Car c'est une erreur que d'établir une distinction hiérarchique entre le soin à donner aux éléments et le soin à donner aux ensembles. La technicité n'est pas une réalité hiérarchisable ; elle existe tout entière dans les éléments, et se propage transductivement dans l'individu technique et les ensembles : les ensembles, à travers les individus, sont faits d'éléments, et il sort d'eux des éléments. L'apparente prééminence des ensembles provient du fait que les ensembles sont actuellement pourvus des prérogatives des personnes jouant le rôle de chefs. En fait, les ensembles ne sont pas des individus ; de même, une dévaluation des éléments est produite par le fait que l'utilisation des éléments était jadis le propre des aides et que ces éléments étaient peu élaborés. Ainsi, le malaise dans la situation relative de l'homme et de la machine provient du fait que l'un des rôles techniques, celui de l'individu, avait été tenu jusqu'à nos jours par des hommes ; n'étant plus être technique, l'homme est obligé d'apprendre une nouvelle fonction, et de trouver dans l'ensemble technique une place qui ne soit plus celle de l'individu technique ; le premier mouvement consiste à occuper les deux fonctions non individuelles, celle des éléments et celle de la direction de l'ensemble ; mais dans ces deux fonctions l'homme se trouve en conflit avec le souvenir de lui-même : l'homme a tellement joué le rôle de l'individu technique que la machine devenue individu technique paraît encore être un homme et occuper la place de l'homme, alors que c'est l'homme au contraire qui remplaçait provisoirement la machine avant que de véritables individus techniques aient pu se constituer. Dans tous les jugements qui sont portés sur la machine, il y a une humanisation implicite de la machine qui a comme source profonde ce changement de rôle ; l'homme avait appris à être l'être technique au point de croire que l'être technique devenu concret se met à jouer abusivement le rôle de l'homme. Les idées d'asservissement et de libération sont beaucoup trop liées à l'ancien statut de l'homme comme objet technique pour pouvoir correspondre au vrai problème de la relation de l'homme et de la machine. Il est nécessaire que l'objet technique soit connu en lui-même pour que la relation de l'homme à la machine devienne stable et valide : d'où la nécessité d'une culture technique.

HADI RIZK

L'ACTIVITÉ TECHNIQUE ET SES OBJETS

Chapitre premier

LA TECHNIQUE : LE GESTE ET L'OBJET

La technique se décline sous la forme d'une diversité de savoir-faire, relativement à l'objet qui est visé et à la matière élaborée, en fonction également des moyens et des méthodes mise en œuvre. Le savoir-faire, l'opération réglée, qui font l'objet d'un apprentissage puis d'une transmission, sont peu à peu perfectionnés. Le corps de l'individu est ainsi formé et devient apte à acquérir de nouvelles dispositions : il suffit de prendre pour exemple la technique de la marche ou celles de manger et de boire. Des gestes précis, qui se succèdent, sont également appliqués à des matériaux ou sur des objets prélevés dans l'environnement extérieur, qu'il s'agisse de la sélection des semences, de la préparation et de la mise en valeur de la terre. De telles actions doivent s'ajuster aux ressources naturelles et au climat : les arts de la chasse, exigent une observation des animaux ainsi qu'un bon repérage des configurations du terrain, afin de déterminer la conduite habile qui effraye les animaux et les pousse vers une falaise : le comportement avisé des chasseurs fait jouer à la falaise le rôle technique d'un piège. Le geste peut aussi avoir recours à un objet médiateur entre l'action et les données extérieures : c'est la fonction d'un outil pur et simple comme le marteau, d'un dispositif mécanique comme le métier à tisser, d'une arme comme l'épée ; c'est aussi le service rendu par un objet technique comme une coupe, un lit, un réfrigérateur ou une voiture, qui interviennent dans la satisfaction indirecte d'un besoin.

L'agir technique est une conduite sachant discerner, dans les changements qui affectent les choses, des opportunités pour faire apparaître de nouveaux arrangements des objets. Le geste technique apprend ainsi à identifier, à travers une expérience assidue de certains rapports matériels, un jeu de causalités qu'il met délibérément en action, dans l'intention de faire apparaître des effets recherchés ; il s'appuie sur la plasticité des matériaux ou des êtres pour faire surgir en eux des possibilités nouvelles ou pour les disposer selon des configurations inédites. Il y a là une forme de *négation* du réel par la conduite technique : le champ environnant apparaît comme devant être changé, relativement à une idéalité, c'est-à-dire une conception de l'esprit. La nature livre le bois de l'arc ainsi que la corde : encore faut-il prélever de tels matériaux et les élaborer du point de vue de ce qui est imaginé, c'est-à-dire qui n'existe pas ; inventer l'arc implique de mettre en évidence les capacités de torsion et de résistance du bois et de la corde, en supposant comme résolu, dans l'arc comme résultat, le problème de la production d'une certaine énergie mécanique pour propulser la flèche. Il y a là un rapport entre *ce qui est* et *ce qui n'est pas* : le possible révèle et rend actuelles des ressources latentes dans le matériau mais, en même temps, la spécificité et la résistance du matériau contraignent l'action à donner une consistance concrète au possible. Une information dicte la transformation du donné initial, avant d'apparaître, dans l'objet produit, comme sa structure propre. C'est pourquoi le geste comme l'objet technique se présentent comme un *troisième terme* entre l'action et le réel, ou plutôt comme une médiation qui contient des traits de passivité à l'égard de la nécessité mécanique et de l'inertie matérielle, en même temps que l'aspect synthétique d'un tout unifié, qui apparaît comme le résultat du dépassement par l'opération technique de ses conditions initiales.

VIE ET ACTIVITÉ TECHNIQUE

Le corps humain est lui-même le premier instrument technique : d'une part, parce que le corps, trait d'union entre l'individu et le groupe, est l'objet d'un façonnement, d'un modelage, par la culture, qui lui font acquérir des attitudes et des gestes ordonnés. Sa réalité plastique et son aptitude à être affecté, que Spinoza décrit comme un caractère essentiel et distinctif du corps, sont porteuses pour l'individu du pouvoir d'entretenir des relations d'une grande diversité avec le monde extérieur. La variation des conduites permet de s'ajuster au réel, de le modifier, mais aussi de répondre à l'action des objets extérieurs comme aux sollicitations du milieu, en modulant les formes du comportement, de telle sorte que l'unité d'ensemble de l'organisme soit maintenue. Marcel Mauss, dans un texte de *Sociologie et Anthropologie*[1], décrit les techniques de portage des bébés par les mamans, les habitudes de table, la manière de marcher, par exemple, en maintenant le cou relevé et la tête droite, mais aussi l'acte de… cracher : tous ces apprentissages et ces dispositions acquises, l'une excluant d'autres, peuvent être expliqués, d'une part, par

1. M. Mauss, *Sociologie et anthropologie*, Paris, P.U.F., 2013, p. 363-386.

l'aptitude du corps à recevoir une information et, d'autre part, par sa relative indétermination, qui le dispose à acquérir des structures et des styles de conduite différents. A un certain niveau, la pratique de soi, la recherche de la sagesse ou de la sainteté à travers des exercices spirituels, impliquent une technique du corps, en préparation à l'ascèse.

Cette aptitude du corps, qui peut être accentuée par la culture, dispose l'individu, en raison de l'indétermination de sa propre nature, à produire des gestes techniques. L'indétermination a, en effet, le sens positif d'une perfectibilité, cette qualité spécifique en laquelle Rousseau, dans le *Discours sur l'Origine et les fondements de l'inégalité parmi les hommes*, voit la différence qui sépare l'homme de l'animal : une liaison se découvre ainsi entre l'intelligence de *l'homo faber* (qui fabrique des outils) et l'ancrage de ce geste dans des habitudes corporelles, apprises et incorporées selon un schéma d'actions successives, dont l'agencement est conçu en fonction d'une fin à atteindre. Le fait que l'intelligence soit calculatrice est inséparable de sa vocation instrumentale, quand elle remonte d'un effet futur imaginé vers les causes ou moyens susceptibles de l'atteindre ou de le réaliser, par exemple, avoir recours à un bâton pour s'emparer d'un objet à distance. Une telle opération est réalisable par l'animal, comme le singe, mais l'homme est, quant à lui, en mesure de fabriquer un outil, c'est-à-dire de perfectionner un bâton ou un silex, en mettant en valeur des propriétés remplissant adéquatement une fonction. Est-ce parce qu'il a des mains que l'homme est intelligent ou bien est-ce parce qu'il est intelligent qu'il a des mains et peut donc se servir de cet organe et outil, « organe qui remplace les organes », comme l'écrit [1] Aristote dans les *Parties des Animaux*? Le complexe main-intelligence forme un seul et même pouvoir de produire et d'utiliser de l'artificiel, c'est-à-dire de définir des actions détachables des sens et des organes moteurs du corps propre ; ces actions ayant été séparées du corps sont régies par une mémoire culturelle, orale et écrite, ainsi que par un ensemble de rapports sociaux qui déterminent leur mise en œuvre.

André Leroi-Gourhan écrit que « toute adaptation de la main des premiers anthropiens en outil proprement dit n'aurait créé qu'un groupe de mammifères hautement adaptés à des actions restreintes et non pas l'homme, dont l'inadaptation physique (et mentale) est le trait générique significatif ; tortue lorsqu'il se retire sous un toit, crabe lorsqu'il prolonge sa main par une pince, cheval quand il devient cavalier, il redevient chaque fois disponible, sa mémoire transportée dans les livres, sa force multipliée dans le bœuf, son poing amélioré dans le marteau [2] ». De telles médiations révèlent, en effet, *l'indétermination* de l'agent humain, c'est-à-dire sa disponibilité physique et intellectuelle, pour l'acquisition de nouvelles dispositions et conduites, au fur et à mesure qu'il multiplie les modalités

---

1. Aristote, « Parties des animaux », *Œuvres complètes*, Paris, Flammarion, 2014, 687a, livre 4, chap. 10, p. 1518-1519 : « Anaxagore prétend que c'est parce qu'il a des mains que l'homme est le plus intelligent des animaux. Ce qui est rationnel, plutôt, c'est de dire qu'il a des mains parce qu'il est le plus intelligent. Car la main est un organe ; or la nature attribue toujours, comme le ferait un homme sage, chaque organe à qui est capable de s'en servir (…). En effet, l'être le plus intelligent est celui qui est capable d'utiliser le plus grand nombre d'outils : or la main semble bien être non pas un outil, mais plusieurs. Car elle est, pour ainsi dire, un outil qui tient lieu des autres ».

2. A. Leroi-Gourhan, *Le geste et la parole*, t. II : *La mémoire et les rythmes*, Paris, Albin Michel, 1965, p. 48.

de ses relations avec le milieu extérieur. La main est *humaine* en raison de ce qui s'en sépare en s'extériorisant, que ce soit à travers un geste instrumental ou dans un outil ; elle ne saurait être réduite à ce qu'elle est. C'est pourquoi Leroi-Gourhan replace l'outil dans une histoire qui va du monde animal à l'invention humaine des techniques, dès la préhistoire : ce qui compte est le caractère programmé du geste technique, qu'il s'agisse de la mémoire des séquences à accomplir qui serait inscrite biologiquement dans l'instinct de l'animal, ou de ce même programme, tel qu'il est extériorisé dans la culture et les symboles, dans un langage lui-même amovible, au même titre que l'outil, qui s'apparente à une prothèse du corps humain.

Bergson relie l'apparition de la technique à l'histoire de la vie. La deuxième partie de *L'Evolution créatrice*[1] reprend la question en partant de ce que le titre du chapitre décrit comme « les directions divergentes de la vie », en l'occurrence, la torpeur, l'intelligence et l'instinct. Bergson rappelle à plusieurs reprises que la vie, en son élan originel, est une tendance à agir sur la matière brute, afin d'introduire de l'indétermination, de la virtualité, c'est-à-dire une réponse différée, par des détours et des médiations, qui permettent d'agir sur les contraintes en transformant les conditions initiales : « (Il y a) au fond de la vie un effort pour greffer, sur la nécessité des forces physiques, la plus grande somme possible d'indétermination[2] ». Mais l'auteur de *L'Evolution créatrice* précise aussitôt la définition qu'il vient de donner ; comme il n'est pas possible à l'organisme de créer de l'énergie, il doit prélever une énergie existante

---

1. H. Bergson, *L'Évolution créatrice*, Paris, P.U.F., 2013, (désormais *EC*), nombreuses rééditions antérieures, chap. II, p. 99.
2. *Ibid.*, p. 116.

dans la matière environnante, puis la stocker et l'utiliser au mieux, dans des circonstances précises, afin de déclencher une action propre à l'organisme, en réponse aux contraintes et à l'interpellation du milieu. C'est pourquoi Bergson voit dans « l'aptitude à se développer dans les milieux les plus divers, à travers la plus grande variété d'obstacles, de manière à couvrir la plus vaste étendue possible de terre [1] » le critère le plus sûr de la réussite d'un être vivant.

Il convient cependant de rappeler quelques points sur la différenciation de l'élan vital pour comprendre, d'une part, l'émergence d'une forme d'usage instinctif des instruments dans le monde animal puis, avec l'apparition de *l'homo faber* (l'homme fabricateur d'outils), l'étroite liaison entre le corps, l'intelligence et la fabrication des outils. En effet, les caractères de l'activité technique doivent être distingués, et ne pas être confondus avec l'apparition de la machine et, plus précisément, avec la forme que prend celle-ci au cours de la révolution industrielle. Il faut commencer, explique Bergson, par remettre en question l'idée que la « vie végétative », la « vie instinctive » et la « vie raisonnable » soient les degrés successifs d'une même évolution ; quelles que soient les complémentarités de ces formes au sein du monde végétal et animal, puis entre l'animal et l'homme, il faut souligner que l'on a, dit Bergson, « trois directions divergentes d'une activité qui s'est scindée en grandissant [2] ». Or ce qui se joue dans les espèces animales, c'est une poussée de la vie qui est en même temps une poussée vers la mobilité et l'action : pour se conserver, l'organisme doit se déplacer, et aller chercher sa nourriture. C'est pourquoi l'organisme se différencie

1. *Ibid.*, p. 134.
2. *EC*, p. 136.

en fonction de la locomotion : c'est le rôle du dispositif constitué par le système nerveux, l'appareil sensoriel et les organes moteurs. Car la conservation de soi ne peut être statique, dès lors qu'elle implique un dynamisme à travers lequel l'organisme tout entier se manifeste comme un fond énergique, susceptible de préparer le corps au mouvement. Sur ce plan, Bergson distingue deux lignes d'évolution, celles des arthropodes et des vertébrés : il voit dans le corps des premiers une série juxtaposée d'anneaux, qui répartissent l'activité motrice sur leurs terminaisons, lesquelles forment autant d'appendices spécialisés, dédiés à telle ou telle fonction. En revanche, seules deux paires de membres assurent l'activité des vertébrés. Cette particularité est l'expression d'une certaine indépendance des fonctions par rapport à la forme organique, de même qu'une certaine souplesse de la forme, qui se réalise tout particulièrement avec la main humaine : en effet, cet outil polyvalent est capable de manier des outils extérieurs et il peut effectuer une grande variété de travaux.

Dans la *Critique de la faculté de juger*[1], § 43, Kant distingue le faire (*facere*), propre à l'art, et l'effectuer en général (*agere*) qui relève de la nature. La nature produit des effets, là où l'art engendre une œuvre. Kant ajoute, en évoquant un morceau de bois taillé, découvert lors de fouilles dans un marécage, que l'on détermine qu'il s'agit d'un produit de l'art et non de la nature, en mettant en évidence que « sa cause efficiente s'est accompagnée de la pensée d'un but auquel l'objet doit sa forme ». Il évoque ainsi l'exemple des abeilles et des « gâteaux de cire construits avec régularité », que l'on qualifie, par analogie

1. E. Kant, *Critique de la faculté de juger*, trad. A. Philonenko, Paris, Vrin, 1982, § 43, p. 134-136 ; réédit. 2000.

seulement avec l'art, d'œuvre d'art. Il précise ensuite que si l'on reconnaît une marque de l'art dans une ruche d'abeilles, c'est en référence à « la représentation (qui) a dû dans sa cause en précéder la réalité, sans pour autant que la cause ait pu *penser* l'effet ». Marx reprend cette comparaison dans *le Capital* : la maison est d'abord dans la conception du plan, comme idéalité de ce qui n'existe pas encore et qui précède, dans l'esprit de l'architecte, la maison à bâtir[1]. La maison construite est le résultat d'un processus orienté, où la fin visée intellectuellement a commandé la définition d'une suite d'opérations réglées pour faire surgir un objet nouveau. L'art, ou la technique, conduisent à réaliser, en s'appuyant sur la nature, un objet que la nature ne produit pas spontanément, un objet ayant au sein de la nature une réalité purement virtuelle. Comment l'agir humain, un agir « par liberté » selon Kant – c'est-à-dire un libre arbitre dont les actions ont pour principe la raison –, vient-il s'inscrire dans la nature, ce qui implique de la nier jusqu'à un certain point, tout en s'appuyant sur elle, afin de faire surgir, en la transformant, des êtres *artificiels*, qui ajoutent une information et une configuration nouvelles aux êtres naturels ?

« A quelle date faisons-nous remonter l'apparition de l'homme sur terre ? Au temps où se fabriquèrent les premières armes, les premiers outils[2] », écrit Bergson avant d'ajouter que des hachettes élémentaires témoignent d'une intelligence humaine. Mais Bergson mentionne que les animaux possèdent aussi une certaine pensée de la fabrication : l'absence de séparation absolue entre la vie

1. K. Marx, *Le Capital*, t 1, « Bibliothèque de la Pléiade », Paris, Gallimard, 1969, livre 1, 3ᵉ section, chap. 7, § 1, p. 727-728 ; *Le Capital*, livre 1, Paris, GF-Flammarion, 1969, p. 139-141.

2. *EC*, p. 138.

animale et la vie humaine, une certaine interpénétration de l'instinct et l'intelligence, aident à préciser la spécificité de la technique humaine. Il y a en effet des animaux, comme le renard, qui peuvent reconnaître un piège, c'est-à-dire un objet fabriqué ; d'autres animaux, cependant, que l'on considère comme doués d'une intelligence qui les rapproche des hommes, peuvent improviser, dans certaines circonstances, à partir d'une branche par exemple, un outil artificiel qui permet d'attraper un objet éloigné. L'invention intégrale d'un objet fabriqué représente le point de perfection, hors de portée, de la « technique » animale. C'est dire que l'outillage, que l'intelligence animale « prépare par les variations mêmes qu'elle effectue sur les instincts fournis par la nature [1] » montre que l'instinct et l'intelligence ont tous deux pour vocation essentielle, malgré les directions opposées que la vie prend en elles, d'utiliser des instruments. Les âges de l'humanité sont marqués par les grandes étapes de la technique. Si nous sommes contemporains de la révolution introduite par la machine à vapeur, la technique remonte, dans son histoire, à la pierre taillée et au bronze ; elle se confond avec l'Histoire humaine : « L'intelligence, envisagée dans ce qui en paraît être la démarche originelle, est la faculté de fabriquer des objets artificiels, en particulier des outils à faire des outils, et d'en varier indéfiniment la fabrication [2] ».

La manière dont les animaux et les hommes utilisent les outils livre un fil conducteur pour établir les caractéristiques de la technique. L'instinct prolonge l'organisation propre à la vie, dans la mesure où il s'applique à faire fonctionner des mécanismes qui font partie du corps

1. *EC*, p. 139.
2. *EC*, p. 140.

et constituent l'aptitude du corps à être affecté ; cette aptitude découle de la composition et de l'intégration des parties du corps dans une structure organisée, qui agit de manière autonome. Par conséquent, l'instinct mobilise un instrument naturel, un organe qui est lui-même une partie organisée de l'être vivant. Nous apercevons ainsi un rapport immédiat entre la fonction et l'organe, lequel organe est un instrument incorporé. L'organe est un outil organisé par la spontanéité interne de la vie ; il est complexe et bien ajusté, de telle sorte qu'il remplit correctement sa fonction. Mais ce mécanisme spécialisé, bien adapté, est, pour cette raison, relativement invariable, dans la mesure où les caractères de l'organisme et de l'instinct définissent les propriétés d'une espèce. L'instrument naturel, organique, permet donc de délimiter l'instrument ou l'outil proprement technique, qui appartient à *l'homo faber*. Il s'ensuit que l'intelligence est requise lorsqu'il s'agit de fabriquer puis d'utiliser des instruments qui ne sont pas spontanément organisés, parce qu'ils n'appartiennent pas à la vie organique. L'outil naît de l'application forcée d'une forme inventée sur une matière qui va être façonnée. Et le maniement de l'outil doit être appris, dans des contextes d'utilisation divers, afin de s'en servir pour construire d'autres outils.

Un processus d'invention et de perfectionnement s'esquisse : Spinoza évoque les commencements hasardeux et difficiles de la technique, ainsi que son adéquation progressive, dans le temps, lorsqu'il compare, dans le *Traité de la réforme de l'entendement*[1], le geste technique,

---

1. Spinoza, *Traité de la réforme de l'entendement*, § 30-32, trad. Appuhn, *Œuvres*, t. 1, Paris, GF-Flammarion, 1993, p. 194-195 ; trad. Rousset, Paris, Vrin, 2004.

qui se fonde et s'améliore en avançant, au statut de la *méthode*, c'est-à-dire à la connaissance réflexive de l'idée vraie, qui ne saurait être une norme préalable au développement effectif de l'activité de l'entendement : « Car, pour forger le fer, on a besoin d'un marteau, et pour avoir un marteau, il est nécessaire de le fabriquer, ce pour quoi on a besoin d'un autre marteau et d'autres instruments, et pour avoir ceux-ci, il faudra d'autres instruments, et ainsi à l'infini ; et, de cette manière, on s'efforcera vainement de prouver que les hommes n'ont aucun pouvoir de forger le fer. Mais de même qu'au début les hommes, avec des instruments innés, n'ont pu faire que laborieusement et imparfaitement des choses très faciles, celles-ci une fois faites, ils en confectionnèrent d'autres, plus difficiles, avec moins de peine et plus parfaitement, et ainsi progressant par degrés des travaux les plus simples aux instruments, et de ceux-ci à d'autres ouvrages et instruments, ils parvinrent à perfectionner beaucoup de choses et de très difficiles avec un moindre labeur ». Les outils présentent un caractère ouvert et indéterminé, qui tient en fait à leur inachèvement ; il demeure en eux du jeu entre la matière et la forme, entre le tout et la multiplicité matérielle des composants et des relations entre les éléments. Par conséquent, le geste technique tend, au cours de ses opérations, à devenir plus efficace, en réduisant peu à peu l'hétérogénéité qui demeure entre sa matière et sa forme : il fonctionne de mieux en mieux et plus durablement.

Avec l'outil, le geste technique se donne une sorte de prothèse, qui enrichit les aptitudes du corps dans la mesure où le geste se détache du corps et de la satisfaction des besoins. La médiation des outils détachés du corps, la diversification et l'ajustement de ces mêmes outils, les libère de la seule norme de la conservation et conduit à un processus historique de création de nouveaux besoins : « Pour chaque besoin qu'il satisfait, il (l'outil) crée un besoin nouveau, et ainsi, au lieu de fermer, comme l'instinct, le cercle d'action où l'animal va se mouvoir automatiquement, il ouvre à cette activité un champ indéfini où il la pousse de plus en plus loin et la fait de plus en plus libre. Mais cet avantage de l'intelligence sur l'instinct n'apparaît que tard, et lorsque l'intelligence ayant porté la fabrication à son degré supérieur de puissance, fabrique déjà des machines à fabriquer [1] ». De la pierre taillée à l'ordinateur, en passant par la machine à vapeur, les ruptures s'inscrivent dans la continuité du geste technique, comme expression de la vie et de la puissance d'agir du corps.

« La main humaine est humaine par ce qui s'en détache et non par ce qu'elle est ». Ce jugement d'André Leroi-Gourhan [2] complète les remarques de Bergson sur le geste technique. En effet, c'est la fonction de l'outil qui éclaire la signification de la machine, l'outil jouant un rôle dès la préhistoire, au sein du processus de l'hominisation. L'homme peut être défini comme étant un organisme qui produit de l'artificiel. Mais cette formule, qui n'est pas sans évoquer le mythe de Prométhée, dans le *Protagoras* de Platon, doit être précisée : le geste technique est la réalisation d'un programme. Ce programme est inscrit dans la mémoire organique de l'animal alors qu'il est détaché de la réalité humaine, c'est-à-dire posé à l'extérieur et fixé dans un univers de signes et de langage. Cette libération permet à la mémoire, non seulement d'accumuler

1. *EC*, p. 142.
2. A. Leroi-Gourhan, *Le Geste et la Parole*, *op. cit.*, t. 2, p. 41.

davantage d'informations mais de disposer d'une capacité de mise en forme, de structuration de ces informations selon des problèmes à résoudre. La culture favorise, par l'apprentissage et la transmission, une extériorisation sur des outils de la motricité elle-même, puis de la force qu'il faut pour produire le mouvement. C'est ainsi que le couteau, le bâton à fouir, se dégagent du comportement animal et de l'action des dents ou des ongles.

La disponibilité pour d'autres actions possibles, l'indétermination ouverte dans le monde matériel, telles sont les propriétés majeures du geste technique. Leroi-Gourhan montre que l'extériorisation des fonctions, qui acquièrent un support extérieur à l'organisme, constitue la trame continue de l'évolution technique, scandée par des moments distincts, discontinus : après l'outil qui vient se substituer aux organes, c'est l'énergie qui acquiert son autonomie par rapport à l'organisme et à ses muscles, à travers la mobilisation des forces naturelles, de l'eau et du vent puis de la vapeur.

L'automatisme, puis les systèmes de régulation du fonctionnement d'une machine, semblent à leur tour déplacer les fonctions de commande du cerveau. Il reste à s'interroger sur la réalité même de l'objet technique, sur ses variétés et sur son histoire, avant d'envisager également le statut de la machine – et plus précisément de l'automatisation –. Dans quelle mesure est-il pertinent d'évoquer un *objet* technique ? Pour que cet objet soit plus que la seule objectivité d'un dispositif technique, il faut qu'il bénéficie dans son fonctionnement d'une certaine autonomie, c'est-à-dire qu'il puisse se rapprocher de la forme d'un être individuel.

IDENTITÉ ET FONCTION DE L'OBJET TECHNIQUE

Gilbert Simondon met en relief dans son cours sur l'*Invention technique* [1], le caractère de *fonctionnement* de l'objet technique, comme critère de définition et de classement des différents objets techniques. Or il convient de ne pas confondre « fonctionnement » et « fonction »; l'on serait, en effet, tenté de décrire l'ustensilité d'un marteau [2], à la manière de Heidegger dans *Être et temps*, comme ce à quoi il sert : enfoncer des clous dans le mur, cette fonction participant à l'ensemble des activités destinées à construire une maison. Aussi la structure de *renvoi à* – le marteau sert à enfoncer un clou, le mur à porter et partager l'espace d'une maison, la maison à délimiter le cadre privé et protecteur de l'habitation, au sein de l'environnement... – permet-elle de décrire l'objet technique, jusqu'à un certain point, comme un dispositif de moyens, assigné à une finalité. Mais la mise en relation de la fin et du moyen, selon le service attendu, ne prend pas en considération la réalité de l'objet technique dont il n'y a rien à dire en dehors de l'utilité qui lui est assignée, hors de lui, vers l'extérieur. Si l'objet ne vaut que par son efficacité, cette efficacité risque de s'apparenter à la propriété magique d'un « ustensile » qu'on n'observe pas en lui-même. De plus, une telle définition de l'objet technique par l'ustensilité (au sens d'usage) est-elle pertinente pour comparer des « appareils » aussi différents qu'une lampe à huile, un tournevis, un microscope, un moteur d'avion, un téléphone mobile, ou encore une voûte, un pylône, un radeau, ou une

---

1. G. Simondon, *L'invention dans les techniques. Cours et conférences*, (désormais *IT*), édition établie par J.-Y. Chateau, Paris, Seuil, 2005.

2. M. Heidegger, *Être et Temps*, Paris, Gallimard, 1988, 1 re part., chap. 2, § 15 et 16, p. 102-113.

route ? C'est pourquoi, sur un marteau, il est plus judicieux de s'attacher à l'*emmanchement*, c'est-à-dire à la manière de relier de manière optimale le manche et la masse d'acier. En effet, ce raccord peut très vite devenir le point faible de l'outil. Or il existe divers modes d'emmanchement, comme la soie, le collet et la douille [1], auxquels peuvent être adjoints des ligatures et des coins. Dans tous les cas, l'essentiel est que l'outil contienne un rapport adéquat entre ses parties, que celles-ci travaillent entre elles et agissent les unes sur les autres : certaines parties peuvent ainsi être perfectionnées, de telle sorte que l'opérateur puisse avoir l'outil bien en main, ou que la masse métallique soit plus résistante. De même, la liaison entre les parties peut être améliorée, dans le cas, par exemple, des faux, où l'emmanchement n'est plus réalisé par des arceaux à coin mais par des arceaux à vis. Ces quelques exemples montrent comment le fonctionnement adéquat de l'outil repose sur le fait de la bonne coordination de ses parties composantes, c'est-à-dire de leur articulation en une structure stable. C'est en ce sens que *l'autocorrélation* apparaît comme le trait majeur et le plus distinctif de l'objet technique.

Dans *Les outils chez les êtres vivants* [2], Andrée Tétry précise la manière dont le geste technique s'esquisse à partir des formes de l'être vivant. Les insectes possèdent des organes comme des pinces ou des brosses, qui effectuent de manière spécialisée certains gestes ; ceux-ci sont pilotés par des informations héréditaires d'emploi, qui coordonnent les séquences de comportement. Les vertébrés, eux, disposent d'effecteurs, qui peuvent produire un mouvement et une action sur le monde extérieur, mais ils sont dépourvus d'organes pouvant servir à proprement parler d'outils. Le

---

1. G. Simondon, *L'Invention technique*, p. 91.
2. A. Tetry, *Les outils chez les êtres vivants*, Paris, Gallimard, 1948.

déficit de coordination a priori requiert que les organes effecteurs évoluent, grâce à un apprentissage, en organes à tout faire, avec des fonctionnalités nouvelles qui diversifient leur action. Simondon ajoute, dans son cours sur l'*Invention dans les techniques*, première partie, que la formule d'organisation des effecteurs et du système d'action devient peu à peu plus souple dans « les organes de préhension et (d')action sur les objets du milieu [1] ». Il s'appuie sur deux exemples : la main des primates et les organes de phonation, qui se façonnent et acquièrent par apprentissage une programmation, qui devient une habitude. L'opposition entre la rigidité du comportement des arthropodes et la mobilité de comportement des vertébrés esquisse l'opposition de l'instinct et de l'intelligence, mise en valeur par Bergson. Et l'on peut décrire précisément l'outil et l'instrument comme étant deux manières de détacher les fonctions de l'organisme afin de les rendre adéquates à un emploi plus adapté et plus efficace.

Il est cependant remarquable de souligner que l'activité technique, dans le monde humain, n'est pas a priori tributaire d'outils indépendants du corps et susceptibles de s'affranchir du rapport du vivant à son milieu ; il suffit de relever que la technique peut consister en une *méthode* plus qu'en des objets : une rivière peut être reconfigurée par la chasse en un piège vers lequel on poussera les animaux. De même, les anciens égyptiens pouvaient élaborer un objet médiateur (plan incliné, échafaudage) pour déplacer et mettre en place de grands blocs de pierre. Dans ce cas, le caractère systématique de la méthode technique s'exprime à travers un séquençage temporel des phases de préparation du terrain ou du matériau, ainsi que par la division et la

1. *IT*, p. 84.

spécialisation des gestes puis par leur répartition simultanée entre plusieurs agents, qui doivent agir comme les rouages d'une même machine, qui semble les intégrer sous un même rapport de domination. Une pareille situation est esquissée aussi bien dans l'univers animal, où l'on observe, par exemple chez les abeilles ou les termites, une coordination qui impose aux organismes d'être totalement dépendants les uns des autres, que dans les groupes humains, avec les masses d'hommes mobilisés sous une discipline de fer dans la construction des Pyramides, en particulier au cours du redoutable travail de charroi des matériaux. Ces premières formes de médiation technique entraînent une contrainte extérieure qui s'impose aux individus, comme si le mouvement même d'individuation du tout qu'ils forment en travaillant leur échappait, dans la mesure où ils sont mis en rapport les uns avec les autres comme les maillons d'une tâche d'ensemble extérieure à chacun et à tous, et qui laisse peu de prise aux individus eux-mêmes relativement à la réorganisation de ce mouvement d'ensemble ou au commandement de cette tâche. La technique, peu sophistiquée en termes d'outils et de machines, assigne les hommes à exister comme les éléments d'une machine assez rigide dans son programme d'ensemble.

Il reste à évaluer les conséquences que provoque la séparation de l'objet technique du corps et de l'action des individus pratiques. Quels sont également les effets de l'évolution de son organisation interne, avec un fonctionnement plus autonome, qui ne requiert plus le corps de l'homme comme auxiliaire ? Avec la possibilité d'une régulation et d'un ajustement de l'objet technique *au cours* de son fonctionnement, l'agent est libéré de la contrainte d'une action programmée du dehors, une fois pour toutes, et se voit reconnaître, en tant qu'individu, une certaine marge d'initiative, c'est-à-dire de conception et de direction des agencements techniques. Aussi l'activité technique peut-elle s'émanciper, au mois partiellement, de la forme stéréotypée, rituelle, des gestes réglés diachroniquement par les « méthodes » primitives et de la gestion collective des actions synchroniques assemblées en *machine sociale*.

La technique n'engendre pas fatalement la servitude. C'est pourquoi il faut décrire l'outil, l'instrument et les différents types de machine. L'*outil* et l'*instrument*, qu'il ne faut pas confondre, nous renvoient à l'ancrage vivant du geste technique. En effet, tous les deux participent de la séparation de la fonction et du corps, puis de la fonction et de l'usage particulier. L'outil et l'instrument permettent à l'opération d'être répétée en un autre lieu et dans un autre contexte car ils constituent une cristallisation de l'aptitude à agir et de l'information qui régit les opérations dans un objet matériel séparé du corps et bénéficiant d'une diversité d'usages possibles sur le milieu. L'*outil*, en ce sens, présente une forme d'abstraction codée qui le met à disposition d'une variété d'agents et d'usages d'un certain type ; il prolonge et ajuste l'opération des effecteurs humains parce qu'il réalise de manière régulière et efficace, à travers une information sertie dans la matière inerte, les mouvements requis en vue de certaines actions.

Prolongement, *transformation* et *isolement* constituent trois aspects de l'outil comme médiation entre le corps et le monde matériel : une pince à long bec fonctionne comme des doigts longs, résistants à l'effort et à l'usure, fins dans leur application ; le bras de levier d'une pince fait jouer différemment l'application des forces motrices sur les surfaces auxquelles elles sont appliquées ; enfin, l'outil exerce un pouvoir d'isolement (thermique, mécanique, électrique) de l'organe effecteur par rapport à la matière. Leroi-Gourhan a montré dans *l'Homme et la matière*[1] comment le marteau, la pioche, la hache, assurent une transformation du mouvement de l'outil, l'isolement de ce mouvement puis une phase d'application d'énergie cinétique.

À l'inverse, l'*instrument* est un prolongement et un perfectionnement des organes sensibles : c'est un capteur qui prélève de l'information pour guider l'action. Par exemple, la sonde est un auxiliaire de la main du marin, et, comme la lunette qui augmente la portée de la vision, il y a des instruments qui permettent d'enregistrer des phénomènes, comme certaines ondes électromagnétiques (infrarouge, ultraviolet) qui ne sont pas perceptibles par l'œil humain. La sonde peut aussi transformer l'information, la moduler différemment pour la rendre plus exploitable, ou encore, comme le stéthoscope, adapter les impédances des sons pour permettre leur interprétation. De même, la fonction d'isolement devient, pour les instruments, recherche de la sélectivité, si l'on s'efforce de capter une bande plus resserrée de phénomènes, comme certaines fréquences sonores à l'exclusion d'autres. L'isolement est, par conséquent, un affaiblissement : le sténopé permettait aux anciens d'observer un objet très lumineux en le regardant à travers une plaque munie d'un trou, de manière à affaiblir l'intensité de la lumière. Cela dit, outil et instruments ne présentent pas des qualités absolument opposées et séparées : le marteau du maçon permet d'enfoncer un clou mais il peut aussi, en frappant de petits

1. A. Leroi-Gourhan, *L'homme et la matière*, t. II, Paris, Albin Michel, 1971, p. 47-65.

coups, servir à déceler les parties creuses d'un mur. Il reste qu'on observe une spécialisation de ces deux types d'objets, qui extériorisent tantôt des effecteurs de mouvement et d'action, tantôt des capteurs d'information. Par rapport au comportement sensori-moteur du corps, les outils et les instruments s'apparentent à des prothèses spécialisées : on distingue les actions possibles et on restreint le champ de leurs applications afin d'augmenter leur efficacité, même si le gain de performance implique une liaison plus étroite avec d'autres gestes, qui sont à leur tour supportés par des prothèses spécifiques. Aussi les forets d'une perceuse sont fabriqués dans des matériaux différents selon qu'on les utilisera pour le métal, le bois ou le béton.

Il apparaît ainsi que l'outil et l'instrument se présentent comme des réalités détachées, que ce soit du monde ou du corps agissant : ce sont des objets bien circonscrits par leur fonction et par leur identité. Leur opération réside dans la médiation qu'ils marquent entre l'organisme et le milieu environnant : ils constituent le troisième terme de cette relation. Dans quelle mesure la technique comme moyen terme transforme-t-elle la relation entre le corps au travail et le monde extérieur? La médiation technique laissera-t-elle inchangés l'être de l'individu et le sens du monde? Pour répondre à ces questions, il faut d'abord rappeler que l'objet technique n'est pas une sorte de boîte noire où ne compte que la fonction relationnelle. En effet, les outils et les instruments les plus simples présentent également une logique interne, une cohésion et un caractère de totalité (ce n'est pas un simple agrégat), qui mettent en valeur l'*identité* qui leur appartient en propre et qui les définit comme *objets* techniques.

Nous avons évoqué plus haut, au sujet des outils, l'emmanchement (liaison entre le manche en bois et les pièces métalliques, masse ou tranchant) et ses différents types (soie, collet, douille) : ce sont des exemples du fonctionnement interne, décisif quoique invisible, où interviennent des contraintes, des flexions, qui posent un véritable problème, dont la résolution qualifie la « technicité », selon le mot de Simondon, de l'objet considéré. L'on constate de même, dans les instruments optiques, que l'adjonction de plusieurs lentilles et oculaires a pour incidence que la lumière réfléchie provoque une baisse du contraste : il convient alors de compenser ces effets inutiles, dus aux artifices techniques, en ayant recours, dans ce cas, à un traitement anti-réfléchissant au fluor. L'autocorrélation, au fond, consiste à compenser la logique *partes extra partes* de l'agencement mécanique, qui conduit à une multiplication des éléments, concomitamment aux fonctions ; il semble préférable de rassembler ces mêmes fonctions sur un petit nombre de parties, en les rendant compatibles entre elles dans une même structure matérielle : c'est en ce sens que l'existence de l'objet technique est en elle-même normative. La fonction relationnelle et l'autocorrélation : ces deux traits caractéristiques permettent de repérer et d'ordonner, selon leur organisation et leurs propriétés, une grande variété d'objets techniques.

La différenciation des objets techniques va de pair avec une forme d'évolution, certains *appareils* se distinguant par leur capacité à fonctionner indépendamment du corps humain. Il n'est plus possible de les comparer à des prothèses, puisqu'il ne s'agit pas d'un complément aux aptitudes sensori-motrices de l'organisme mais d'ustensiles auto-suffisants, au moins jusqu'à un certain point. Dans

son cours [1], Simondon cite l'exemple de la lampe à huile
ou à pétrole. La lampe est une médiation entre une flamme
et un réservoir de combustible, qui ont été isolés l'un de
l'autre afin d'éviter que la lampe prenne feu. Il faut par
conséquent bien ajuster le rapport entre la flamme et le
combustible : la flamme doit vaporiser une quantité juste
de combustible, qui lui permet d'être auto-entretenue sans
être noyée, tandis que le combustible doit alimenter en
continu la flamme. Un tel couplage ainsi que l'isolement
peuvent être stabilisés par un mécanisme d'autorégulation :
dans une lampe à pétrole, le tube en laiton où la mèche est
logée s'échauffe si le tirage de l'air est faible (flamme
faible) et se refroidit quand la flamme est haute, si le tirage
est important. Le pétrole étant vaporisé tantôt par le tube,
tantôt par la mèche, il s'ensuit qu'après quelques minutes
de fonctionnement, la flamme se stabilise à la bonne hauteur.
Une cohérence s'est donc établie entre la réaction positive,
qui permet le déclenchement de la combustion puis son
maintien, et une réaction négative, qui prévient l'emballement
de la combustion. Le coefficient de la réaction négative
tend à augmenter avec l'élévation du régime de combustion,
d'où l'effet modérateur. Même dans des ustensiles simples
et primitifs, l'autocorrélation précise entre deux réactions
opposées de ce genre définit le degré de technicité de
l'objet ; ce processus a pour condition un retour rapide
d'information de la réaction modératrice vers le
fonctionnement (la combustion dans le cas de la lampe).
Ces asservissements et ces régulations se confondent avec
une communication de l'information à l'intérieur de
l'appareil.

1. *IT*, p. 93.

Mais un dispositif technique se distingue de la réalité prothétique de l'outil ou de l'instrument en ce que le contrôle du premier, ainsi que la fonction de communication et la source de l'énergie que l'appareil utilise, ne dépendent pas directement de l'organisme. C'est pourquoi l'ustensile, au sens maintenant d'un appareil relativement autonome, est la condition d'un détachement plus marqué par rapport au corps humain, que les machines réalisent. En effet, un appareil est en mesure de recevoir une énergie dont la source est étrangère au corps humain : c'est la première caractéristique de la machine prise en un sens strict, à laquelle peut s'ajouter une deuxième, à savoir que l'information est transmise par un programme matériel qui assure l'automatisme de l'appareil.

Sur un plan formel, le modèle de la machine se définit par la réunion (1) d'une source d'information, c'est-à-dire du programme jouant le rôle de l'instrument, (2) de l'outil, semblable à l'effecteur qui réalise un certain travail, et, enfin, (3) d'un ustensile assurant la gestion de l'énergie. Autrement dit, une certaine quantité d'énergie, disponible dans l'appareil, est régie par une information dans la mise en mouvement de l'outil. Le degré d'indépendance de l'information par rapport à l'opérateur humain se fait jour dans l'objet technique bien en amont chronologiquement de la révolution industrielle ; il constitue une condition de l'existence des machines modernes. Simondon écrit même que « la lampe, le foyer, la marmite sont les ancêtres de la chaudière. L'éolypile antique, puis la marmite de Papin sont des étapes vers l'invention du moteur thermique, machine par excellence et base du développement industriel nommé machinisme [1] ». En même temps, c'est bien

1. *IT*, p. 95.

l'organisme qui sert de référence à l'intégration et à l'autocorrélation des différents capteurs et effecteurs d'une machine : ce qui est rendu possible par l'ustensile, c'est un raccordement de l'outil effecteur et de l'instrument capteur en dehors de l'organisme humain. Le processus de développement des machines est ainsi lancé : il comporte l'adjonction d'une énergie extérieure, du pouvoir de recevoir un programme et d'une capacité à collecter et à traiter des informations complémentaires, afin de moduler le fonctionnement de la machine.

De manière générale, toutes les machines, dont les machines-outils, ont pour noyau central un dispositif d'autocorrélation qui peut être une source d'énergie modulée, ou un élément comme la roue : le fonctionnement cyclique d'une roue qui tourne peut déclencher, de manière séquentielle, différentes commandes, et servir de support à un automatisme, comme dans l'avance à l'allumage des moteurs à essence. La roue est, en fait, un principe simple d'autocorrélation que l'on retrouve dans de nombreuses machines. L'autocorrélation est la propriété essentielle des machines – même de celles qui ne sont pas raccordées à une source d'énergie. La genèse et l'évolution de la roue jouent un rôle essentiel dans de nombreuses machines : « Comme médiateur entre le fardeau et le plan de roulement, la roue véhiculaire apparaît d'abord sous forme d'une série de rouleaux ou rondins. Comme médiateur, ce système est parfait en principe (pas de frottements, en raison de l'absence d'axe), mais il manque l'autocorrélation, car les rouleaux avancent à une vitesse qui est la moitié de celle du fardeau, et il faut un opérateur pour les recycler en les reportant les uns après les autres devant le fardeau. La roue avec axe et moyeu est au contraire parfaitement corrélée avec le fardeau par l'intermédiaire du véhicule qu'elle porte : elle est comme un rouleau qui serait perpétuellement remis en place ; mais elle perd une partie de la fonction de médiation du rouleau véritable, parce que le système moyeu-axe produit des frottements (d'où échauffement, usure, nécessité d'employer de l'eau ou de la graisse, l'axonge chez les Anciens). Enfin, la synthèse de ces deux étapes de développement se fait dans la roue à roulements (billes, rouleaux) qui transpose dans le moyeu le système des rouleaux ; disposés circulairement, les rouleaux se recyclent d'eux-mêmes sans opérateur ; l'autocorrélation, appliquée dans la seconde étape à la roue véhiculaire malgré les inconvénients qui en résultent, et excluant la parfaite médiation caractéristique de la première étape, s'applique ensuite aussi à la première étape, dont elle réincorpore le dispositif à l'intérieur de la roue. Le progrès technique s'accomplit par relation dialectique entre la médiation (adaptation aux termes extrêmes, plan et fardeau) et l'autocorrélation, relation de l'objet technique avec lui-même [1]. »

Les machines dites *simples*, leviers, palans et treuils, assurent la transformation du mouvement. Leur commande, ainsi que l'énergie qui les fait fonctionner, a l'opérateur pour origine, avec toutes sortes de perfectionnements possibles, comme l'apparition de commandes distinctes de réglage de l'énergie, avec l'installation de freins. Mais une *machine-outil* possède deux caractères principaux : son énergie ne vient plus de l'opérateur et elle peut être munie de capteurs qui informent des mécanismes de sécurité, comme, par exemple, le débrayage automatique sur une fraiseuse. En un mot, autonomes pour l'énergie, les machines-outils restent dépendantes de l'opérateur pour

1. *IT*, p. 95.

l'information : elles sont donc semi-autonomes. Mais l'autonomie énergétique présente un avantage décisif : l'agent humain peut moduler par la commande une énergie de faible amplitude, porteuse d'information, qui gouvernera la transformation en travail, par l'outil, d'une énergie beaucoup plus importante, qui provient d'une source extérieure. On voit ainsi se confirmer dans la machine-outil le schéma ternaire de l'entrée, de la sortie et d'un dispositif modulateur qui s'insère entre les deux.

La machine, par conséquent, tend à s'affranchir de la temporalité propre à l'agent humain ; ce dernier n'est plus appelé à prêter son effort musculaire, qui atteint vite ses limites, mais à intervenir en effectuant une série de gestes de commande, dont la vitesse de succession atteint cependant une limite physique. Or l'un des traits du machinisme (nous le verrons dans le troisième chapitre) n'est-il pas d'imposer un rythme d'action, en l'occurrence de contrôle et de transmission d'information, de l'opérateur vers la machine, rythme de plus en plus rapide, étant donné que la motorisation du mouvement est susceptible d'accélérer indéfiniment le fonctionnement de la machine ? Voilà une des causes principales d'une réelle aliénation de l'homme au cours de son travail : il est dominé par le rythme, qui échappe à son initiative et vient s'emparer de lui comme une exigence inerte et fatale, celle de la machine mue par la force mécanique. Cette situation est assimilée aux traits du *machinisme* de l'âge industriel.

La description et les distinctions que nous venons d'effectuer nous mettent en mesure de déterminer *l'identité idéale* d'une machine qui réalise tous ces caractères. L'information régulatrice ne serait pas procurée au fur et à mesure par un opérateur mais à travers un programme, réalisé matériellement, et qui peut suivre le régime de fonctionnement le plus élevé de la machine. Celle-ci est alors doublement autonome : sur le plan de l'alimentation comme en matière d'information régulatrice. On voit aisément quelles sont les limites d'un programme prédéfini, entièrement monté, qui dirige un fonctionnement automatique : l'essentiel s'y trouve prescrit en amont par le constructeur et il en résulte que l'on attend du travail humain qu'il mette la machine en route, la surveille, répare les incidents de fonctionnement. Or la machine la plus perfectionnée, celle que l'on peut considérer comme étant la plus totalisée et la plus unifiée, de telle sorte qu'elle s'apparente à la réalité de l'être individuel et de son comportement, est celle qui dispose d'une part véritable d'autonomie sur le plan de l'information : ce n'est donc pas un automate. Une telle machine a le pouvoir de prélever, en cours du fonctionnement, les informations susceptibles de permettre son auto-adaptation aux variations des différents paramètres (charge, vitesse, température), sans qu'une intervention incessante de l'opérateur soit requise. Cette machine ne relève pas de la figure de l'automate, à laquelle une raison paresseuse réduit les objets techniques, avant de se plaindre de la pauvreté ontologique de tels artefacts et de s'inquiéter de notre propre asservissement aux automates et aux robots.

LA FORME ET LA MATIÈRE
DANS L'OPÉRATION TECHNIQUE

Nous avons pu voir que l'objet technique permet de substituer une séquence d'actions coordonnées à des actions accomplies par plusieurs individus. Dans sa forme la plus autonome à l'égard des agents, la machine est en elle-même division des tâches et mise en relation de mouvements distincts. Elle imite l'organisme en simulant une petite société agissant de concert. De même, l'extériorisation des fonctions par rapport aux gestes de l'organisme vivant permet d'analyser l'action, de la dépouiller de toutes les autres contraintes et de fins parasites, qui lui viennent de l'organisme. Ce travail d'abstraction et de stylisation revient à détacher le mouvement du geste. Quand un artisan, homme formé par une longue patience à un métier devenu une habitude incorporée, fabrique un pot en agile ou une paire de chaussures, il vise à réaliser la fin poursuivie, dans un intervalle temporel de travail vivant : il peut changer de rythme et se laisser aller par l'imagination à un certain jeu entre la matière travaillée et des formes qu'elle inspire de l'objet en train d'être produit. Nous observons également des inflexions du geste comme de la manière de faire, et, peu à peu, le « plan » à réaliser subit des adjonctions et des métamorphoses par rapport au projet initial.

La logique technique, cependant, a pour visée de simplifier le geste, de le réduire à un mouvement bien déterminé, à en dessiner la forme parfaitement adéquate au résultat à obtenir : à terme, il faut pouvoir transformer la série des gestes devant être accomplis en une suite réglée de mouvements mécaniques, qui forment le schéma d'une machine. L'opération en elle-même s'émancipe de son auteur, de l'homme au travail. Dans son *Éloge de Vaucanson*[1] (le mécanicien ingénieur spécialiste des automates), Condorcet décrit bien le rapport entre la technique et la stylisation formelle des gestes, qui prennent l'allure géométrique et mécanique d'une composition de mouvements : « Le génie, dans cette partie des sciences,

---

1. Nicolas de Condorcet, *Éloge de M. de Vaucanson*, à l'Académie royale des sciences, en 1782, Mémoires de l'Académie.

consiste principalement à imaginer et à disposer dans l'espace les différents mécanismes qui doivent produire un effet donné, et qui servent à régler, à distribuer, à diriger la force motrice. » En un mot, la technique prépare la machine, qui en constitue l'expression aboutie.

Nous avons montré comment Bergson attribue à la force immanente à la vie l'instinct et l'intelligence, ces deux manières divergentes de connaître. Or l'instinct dispose d'une forme de connaissance immédiate de son objet, qui se résout directement en une action plutôt ajustée qui ne procède pas par représentation préalable des possibles susceptibles d'être réalisés. Tout se passe comme si l'exécution de l'acte l'emportait sur la représentation, qu'il tend à annuler. Perfection de l'instinct, que Bergson résume dans l'exemple de l'hyménoptère qui pique sa victime à l'emplacement précis de ses centres nerveux, comme s'il voulait la paralyser plutôt que la tuer. Or nous avons avancé, dans la première section de ce chapitre, que le propre de l'intelligence est de faire surgir une zone assez large, mais indéterminée, d'actions virtuelles, relativement aux contraintes et aux sollicitations du réel ; ces actions virtuelles s'entourent de réflexion et de choix.

Le pouvoir de se déterminer par l'image d'un possible marque un écart par rapport à l'action et, à plus forte raison, par rapport à une action qui est préformée par l'instinct et déjà inscrite dans les automatismes du corps. Fonction innée, au même titre que l'instinct, Bergson précise que l'intelligence [1], si elle permet au petit enfant de connaître ce que jamais l'animal ne peut connaître, n'est pas pour autant une connaissance d'objets mais une aptitude à saisir et à transformer des rapports. C'est en ce sens que cette

---

1. *EC*, p. 152-166.

faculté pourtant innée est ouverte à l'apprentissage comme à l'expérience, parce qu'elle se forme en s'exerçant. Science des rapports plus qu'intuition des choses dans leur singularité, l'intelligence entretient un rapport intrinsèque avec l'activité technique : elle est la condition de la puissance d'invention qui anime la technique.

Bergson avance qu'un enfant ne connaît a priori aucun objet, aucune propriété, mais ce même enfant, s'il aperçoit que l'on applique ou mentionne devant lui la propriété d'un objet – le feu brûle – ou que l'on prédique un attribut ou une qualité à un sujet – Pierre est couché –, identifie et reconnaît de tels rapports généraux. De même, il comprend la fonction synthétique et affirmative du verbe au sein d'une proposition. Il existe donc des rapports logiques et intellectuels, comme le rapport entre la cause et l'effet, ou encore entre le contenant et le contenu : de telles relations générales, qui peuvent s'appliquer à une grande diversité de choses matérielles, supposent que l'esprit possède de manière innée un certain nombre de relations élémentaires ou, au moins, qu'il puisse engendrer l'idée d'un nombre déterminé de rapports très généraux entre des termes. Il est évident, bien entendu, qu'une forme sans matière, c'est-à-dire une forme qui ne serait pas en attente d'une prise possible sur une matière, est inconcevable : la forme s'applique à la matière qu'elle informe et articule comme un être individuel. Mais quel est le pouvoir exact de la forme ? En quoi consiste exactement cette forme ?

Il ne s'agit guère pour l'action de se fondre sans recul ni interprétation dans une chose qui fait corps avec l'expérience, au point de se réduire à l'affect qu'elle suscite, ou au besoin qu'elle satisfait. Mais la chose est cependant susceptible d'être mise en relation avec elle-même et avec les autres ; elle est ainsi articulée dans une proposition hypothétique qui peut être de la forme suivante : si x est mis en contact avec y, alors z, sous certaines conditions, peut apparaître. L'esprit, dans ce cas, est vide de tout objet particulier, mais il existe comme un *vide créateur* qui conçoit librement des relations entre les objets, ou des configurations inédites du réel, porteuses d'une négation et d'une transformation du donné initial. N'appartenant en propre à aucune chose, puisqu'elle est en quelque sorte irréelle, la forme peut faire varier les rapports entre les éléments matériels et expérimenter ainsi des compositions nouvelles entre les choses. De ce point de vue, l'intelligence est *technicienne* parce qu'elle n'est prisonnière ni de l'intérêt ni de l'utile relatifs à tel besoin ou à telle commodité ; elle est en fait *utile* parce qu'elle échappe à la domination du réel et qu'elle est en mesure d'inventer un instrument pour *modifier* le réel.

L'intelligence technicienne fabrique son instrument comme un engin destiné à subvertir le rapport entre les choses, ou même à retourner contre elle-même la contrainte du réel. Dans l'exemple du fleuve en crue que donne Machiavel au chapitre XXV du *Prince*, pour mettre en valeur la prévoyance du Prince, en l'occurrence l'art qui lui appartient d'imposer une nécessité à rebours des causes dissociées de la Fortune, il apparaît que le rôle des digues consiste à combiner différemment le rapport entre le cours d'eau, son lit régulier et les variations du climat et de la pluviométrie : la résistance de la terre est ainsi utilisée pour combattre l'inertie du fleuve en crue en prenant appui sur l'inertie des conglomérats de terre et de pierre. Dans tous les cas, l'action entreprend de reconditionner le réel, ou d'instituer en lui de nouveaux rapports : « Une forme, justement parce qu'elle est vide, peut être remplie tour à tour, à volonté, par un nombre indéfini de choses, même par celles qui ne servent à rien. De sorte que la connaissance formelle ne se limite pas à ce qui est pratiquement utile, encore que ce soit en vue de l'utilité pratique qu'elle a fait son apparition dans le monde. Un être intelligent porte en lui de quoi se dépasser lui-même [1] ». Bergson évite cependant d'attribuer ces relations que l'intelligence met en œuvre à un quelconque pouvoir *a priori* de l'esprit et il se garde présupposer une corrélation entre la pensée unificatrice et le réel. L'intelligence n'est pas un absolu indépendant de la connaissance en acte parce qu'elle est elle-même dérivée de l'action et de ses exigences. Cette analyse annonce une thèse plus ontologique sur la genèse conjointe de l'intelligence et de la réalité.

Mais l'auteur de *l'Evolution créatrice* commence par souligner que l'intelligence entretient un lien primordial avec l'action et, plus précisément, avec l'action de fabriquer. Il n'est, par conséquent, aucunement nécessaire d'affirmer au préalable les propriétés du réel ou les conditions d'une prise de la pensée sur la matière. Bergson se contente d'un énoncé minimaliste : l'action technique contourne l'interrogation sur la nature essentielle de la matière, sur son mode d'engendrement ou sur son rapport à la vie, c'est-à-dire à l'information. La définition de la matière, du point de vue de la fabrication, se limite à une thèse restrictive et négative : l'action ne retient de la matière que ce qui rend possible la fabrication, c'est-à-dire son caractère manifeste de solidité et, par voie de conséquence, l'inertie propre à une réalité inorganisée, et inerte. Ce que la pratique exclut, c'est la complexité et la fluidité, pour ne retenir que la matière brute, dispersée, existant *partes extra partes*. Il s'ensuit que les pages du chapitre II de

1. *EC*, p. 152.

l'Evolution créatrice, qui nous présentent « la fonction naturelle de l'intelligence », décrivent une véritable dérivation pratique de ce qui apparaît, avec Descartes, comme étant la matière ou l'*étendue*, flexible et muable –, c'est-à-dire qui occupe un espace géométrique. La thèse, ici, ne repose pas sur une définition métaphysique du mécanisme, mais tout simplement sur la logique de la « manipulation » : la matière est tout en extériorité, composée indéfiniment de parties elles-mêmes extérieures à d'autres parties, sans qu'il y ait aucune cohésion ou spontanéité internes.

La divisibilité à l'infini de la matière, sur laquelle insiste Descartes dans les *Principes de la philosophie*, partie II, est, selon Bergson, la projection du pouvoir pratique de décomposer, de composer et d'agencer une matière susceptible d'être découpée selon les besoins de la fabrication. Il affirme qu'« il nous est avant tout nécessaire, pour la manipulation présente, de tenir l'objet réel auquel nous avons affaire ou les éléments réels en lesquels nous l'avons résolu, pour *provisoirement définitifs* et de les traiter comme autant d'*unités* [1] ». La continuité supposée de la matière n'a d'autre sens que de nous laisser déterminer librement, en fonction des demandes et des contraintes de la fabrication, le type de discontinuité que l'on impose à une matière soumise à l'intelligence de *l'homo faber*. Cette même primauté de la discontinuité se retrouve dans l'assignation systématique du mouvement à la série des points dans l'espace par lesquels un corps mobile passe. L'intelligence ne se soucie donc pas d'aller au cœur du réel et de l'être, c'est-à-dire au pur mouvement, dépourvu de tout point d'appui substantiel, parce qu'elle reconstruit

1. *EC*, p. 155.

la réalité « avec des immobilités qu'elle juxtapose ». Ce serait une erreur d'interpréter ce procédé de l'intelligence comme une occultation ontologique de l'être ou de la réalité. Bergson souligne simplement le besoin *pratique* de l'intelligence, qui lui paraît inséparable du privilège du stable et de l'immuable. Le discontinu, l'inertie, le caractère spatial du mouvement toujours extérieur à lui-même et au corps en mouvement, sont en fait des équivalents pratiques du réel, de l'être et du mouvement, dont la technique a besoin. L'erreur consiste cependant à transposer ce mode de pensée dans la spéculation philosophique. L'intelligence fabricatrice est bien une stratégie de la vie, dont elle révèle la puissance.

L'intelligence technique appauvrit délibérément le réel et nie toute forme qui appartiendrait intrinsèquement à la matière, qu'elle informerait comme de l'intérieur pour la constituer un tout individuel et organisé. Ce qui importe le plus à la technique, c'est la forme qu'elle peut *imposer* à la matière, en la taillant puis en la reconfigurant. Dans un passage décisif, Bergson oppose la rationalité technique à l'exemple donné par Platon, dans le *Phèdre*[1], de l'écuyer tranchant, image du bon dialecticien, qui est censé découper le corps d'une bête en respectant ses structures et en suivant ses articulations. C'est pourquoi la seule forme susceptible d'être modifiée, la forme *séparée* de la matière, ne peut être que la forme générale, indéterminée et indifférente à tout agrégat particulier, qui est celle de l'*espace* : l'espace est donc une pure forme abstraite, séparée, qui est conçue par l'intelligence, comme la forme du changement de

---

1. Platon, *Phèdre*, 265-266c, trad. L. Brisson, Paris, GF-Flammarion, 2006 ; trad. L. Robin, *Œuvres complètes* 2, « Bibliothèque de la Pléiade » Paris, Gallimard, 1969, p. 61-62.

toutes les formes les unes dans les autres. L'espace naît, par conséquent, d'une réduction idéelle des choses senties, choses ayant une texture, une couleur, choses marquées par des qualités sensibles, qui sont *perçues* – la fameuse cerise dont parle Berkeley, inséparable de la collection de ses qualités singulières –, à l'espace, qui est « un milieu homogène et vide, infini et infiniment divisible, se prêtant indifféremment à n'importe quel mode de décomposition[1] ».

Le mécanisme, la figure et le mouvement, n'apparaissent pas, dans ces conditions, comme l'essence de la matière étendue mais proviennent de l'intelligence fabricatrice, qui décompose et recompose toutes les choses. Nous nous donnons l'espace comme une réalité symbolique, ou comme le schéma de notre action fabricatrice sur les choses. Cette primauté de l'espace ainsi conçu se prolonge dans la capacité d'unir collectivement des individus au travail : d'une part, en substituant au réel bariolé et subjectif de la perception un espace homogène de permutations et de transformations, où tous peuvent se repérer et s'orienter ; d'autre part, en créant un système souple de signes, qui sont eux-mêmes distincts les uns des autres, des termes séparés mais qui peuvent ensuite être combinés, en fonction des besoins du travail en concert sur une réalité partagée, avec aussi une communication entre les divers acteurs. Le langage coordonne l'action collective car il permet de passer de ce que l'on sait à ce qu'on ignore, en se dégageant de toute forme naturelle du réel. Le signe, comme l'espace, n'adhère pas aux choses signifiées, il les inscrit plutôt dans un filet de rapports possibles.

Il apparaît alors que la manière dont l'activité technique agit sur l'étoffe des choses naturelles, qu'elle découvre

1. *EC*, p. 157.

comme formant la réalité préalable à toutes ses opérations, n'est pas sans incidence sur la perception de l'artefact : celui-ci s'apparente d'emblée à une machine dans la mesure où il est le résultat d'une séquence temporelle de mouvements coordonnés les uns aux autres, selon la forme pure et abstraite de rapports géométriques.

Il convient par conséquent d'examiner la manière dont Aristote établit une distinction entre les objets qui sont par nature (*physis*) ou naturels, et ceux qui sont par art (*technè*). L'art, ou *technè*, désigne l'ensemble des savoir-faire, des méthodes et des procédés, qui conduisent à la réalisation d'un résultat ; il se distingue de l'activité théorique, dans la mesure où il ne porte pas sur la contemplation du général mais qu'il vise une fin singulière. En effet, l'art cherche à produire un objet fabriqué, une œuvre (*poièsis*) qui est extérieure à son auteur, à l'artiste : il s'ensuit que le principe d'existence de la chose ainsi produite est dans l'agent, non dans l'artefact. Dans la *Physique*[1], Aristote distingue les étants *par nature* et ceux qui proviennent « du fait d'autres causes ». Le principe du mouvement et de repos est immanent aux êtres naturels, lesquels possèdent en eux-mêmes ce principe, de manière essentielle, parce que ce principe définit ce qu'ils sont en tant que tels, leur quiddité ; en revanche, un lit, un manteau, une cithare, en tant que le premier est bien un lit, et non du bois et que le second ne se réduit pas au tissu qui constitue sa matière, ne portent pas en eux-mêmes le principe de leur changement et de leur achèvement. Certes, il arrive qu'un médecin se soigne lui-même, qu'il soit cause du rétablissement de sa propre santé mais sa guérison ne se produit pas d'elle-même

---

1. Aristote, *Physique*, livre II, 1, 192b, trad. P. Pellegrin, Paris, GF-Flammarion, 2000, p. 116-117.

comme si l'art médical était présent dans son organisme à la manière d'un principe interne de guérison de soi par soi ; l'organisme se soignerait lui-même pour rétablir la santé, présente en lui comme la norme de son auto-accomplissement, ou comme la fin qui l'anime. Il se trouve seulement que c'est par coïncidence, ou par accident, que le même homme est, sous des aspects différents, malade et médecin, et qu'il intervient sur lui-même comme le ferait un autre homme, qui posséderait une compétence médicale : l'acte de soigner et le fait pour le patient d'être soigné, même s'il s'agit du même individu, restent dans une certaine extériorité l'un par rapport à l'autre.

Aristote accentue le sens de cette distinction : tous les êtres fabriqués n'ont pas en eux-mêmes leur principe d'existence, soit qu'il s'agisse des artefacts, dont le principe d'existence est en autre chose, c'est-à-dire hors d'eux-mêmes, comme une maison ou une navette, qui sont construits par le maçon ou l'artisan, lesquels possèdent en leur esprit la forme de la maison ou de la navette, soit que cela s'applique aux êtres qui ont *en eux-mêmes* le principe de leur fabrication, mais qui ne le mettent pas en œuvre *par eux-mêmes*. Dans ce cas, il s'agit de ces êtres « qui pourraient devenir par accident causes pour eux-mêmes [1] », comme, par exemple, un ressort qui, une fois remonté, est la cause – qui vient avec le fait d'être tendu (ou accident) – de son mouvement, comme l'effet d'un mécanisme.

Seul un être *en acte*, qu'il soit artificiel ou naturel, peut être considéré comme effectif : le lit n'est pas réellement tant qu'il n'est qu'en puissance dans le bois car il faut encore que l'art lui confère la forme d'un lit. De même, la chair ou l'os seulement en puissance dans les tissus

---

1. *Physique*, II, 1, 192b-193a.

organiques n'acquièrent leur nature véritable qu'en recevant leur détermination entière par la forme. C'est pourquoi la nature d'un objet consiste en une composition de la matière et de la forme ; cela concerne évidemment les êtres par nature, dont la forme est principe interne de leur mouvement et de leur repos. Cela vaut aussi pour l'artefact, dont l'existence dépend de l'art, qui contient la définition formelle de son objet : « Quant aux productions de l'art, ce sont celles dont la forme est dans l'esprit de l'artiste. (J'appelle forme la quiddité de chaque être, sa substance première). (…) Il s'ensuit donc logiquement que, d'une certaine manière, la santé vient de la santé, la maison, de la maison, le matériel, de l'immatériel ; car la médecine et l'art de bâtir sont la forme de la santé et de la maison, et quand je parle de substance sans matière, j'entends par là la quiddité[1]. »

Dans *le Traité de l'âme*[2], Aristote souligne la signification de la substance, qui est la première catégorie de l'être – c'est-à-dire le sujet d'attribution des neuf autres. Il y a (1) la substance en tant que matière, ce qui, par soi, n'est pas une réalité définissable, puis (2) la substance comme figure et comme forme, c'est-à-dire une réalité ayant un visage déterminé, (3) la substance comme le composé des deux. C'est un énoncé explicite de l'*hylémorphisme* ; la forme ou quiddité n'est pas une réalité séparée, elle constitue avec le corps un assemblage unifié. Si nous considérons l'exemple de l'être vivant, qui peut se nourrir, croître et dépérir par lui-même, ce corps naturel qui participe à la vie est une substance, une substance

---

1. Aristote, *Métaphysique*, trad. J. Tricot, t. I, livre Z, 7, 1032b, Paris, Vrin, 1991, p. 380-383.

2. Aristote, *De l'âme* (désormais *DA*), trad. J. Tricot, II, 1, Paris, Vrin, 1977, p. 65-72.

composée : « Mais puisqu'il s'agit aussi d'un corps de telle qualité, car il possède la vie, l'âme ne saurait être un corps ; en effet le corps n'est pas d'entre les attributs d'un sujet, mais il est plutôt comme un substrat, une matière. Il est, par suite, nécessaire que l'âme soit substance en tant que forme d'un corps naturel possédant la vie en puissance. Or la substance comme forme est entéléchie. L'âme est donc entéléchie d'un corps ainsi défini [1]. » La forme d'un être naturel, ou l'âme d'un être vivant est l'« entéléchie première d'un corps naturel organisé. C'est pourquoi il ne faut pas chercher si l'âme et le corps sont un, pas plus qu'on ne le cherche pour la cire et sa forme, ni en général pour la matière d'une chose et ce dont elle est la matière. Si en effet l'un et l'autre se disent en plusieurs sens, c'est l'entéléchie qui est l'être au sens propre [2] ». Principe d'organisation de la matière, la forme est l'acte du corps individuel, dont elle programme la réalisation à partir de la matière. L'entéléchie est plénitude de l'Être en acte, achèvement du devenir qui parvient à son terme parce qu'il réalise sa fin. Dans un processus naturel, « ce qui croît naturellement en venant de quelque chose, va ou croît vers quelque chose. Qu'est donc la chose qui croît ? Non pas ce d'où elle vient, mais ce vers quoi elle va. Donc la figure est nature [3]. »

Il s'ensuit que la *nature* (*physis*) est supérieure à l'art, parce qu'elle porte en elle-même le principe de sa production, que met en évidence le lien étroit entre la matière et la forme d'un être naturel. Après avoir défini, dans le *Traité de l'âme*, la nature de l'âme, en l'occurrence

1. *De l'âme*, II, 1, 412, a.
2. *DA*, 412b.
3. *Physique*, II, 1, 193b.

« une substance prise comme la forme ; c'est là l'essentiel de l'essence d'un tel corps déterminé », Aristote fait une supposition suggestive au sujet de la différence entre l'être naturel et l'être artificiel : « À supposer qu'un instrument soit considéré comme un corps naturel, par exemple une hache, sa substance serait l'essentiel de la hache, c'est-à-dire ce qui serait son âme ; en serait-elle séparée, il n'y aurait plus de hache, sinon par homonymie. En fait, ce n'est qu'une hache[1] ». *Ce n'est qu'une hache* : en effet, la figure de l'artefact est extérieure, comme surajoutée – avec plus ou moins d'harmonie et de réussite – à sa nature. Le fer et le bois sont les matériaux dont la hache est faite mais, comme le précise Aristote, la forme n'y est en rien le principe de sa configuration déterminée, de sa quiddité : « Ce n'est pas en effet pour un corps de ce genre que l'âme peut être l'essentiel de l'essence et la forme, mais pour tel ou tel corps naturel possédant en lui-même un principe de mouvement et d'arrêt[2] ».

L'artefact a une *fonction* instrumentale, imposée à l'outil : aucun outil, considéré dans cette perspective, n'est parfait, c'est-à-dire qu'il présenterait une adaptation parfaite, sans résidu ni défaut, de la forme et de la matière ; le fer s'oxyde et s'use, le bois est sensible à l'humidité et les fixations ont du jeu. L'outil est d'ailleurs incomplet en tant que tel et il acquiert sa valeur d'instrument quand il est pris en main par l'artisan, qui sait s'en servir selon ses propres fins. Aristote explicite ainsi la différence entre l'instrument artificiel et l'organe, qui est une partie d'un être vivant : « En effet, si l'œil était un animal, c'est la vue qui en serait l'âme, car elle est la substance de l'œil,

1. *DA*, II, 1, 412b- 413a.
2. *Ibid.*

substance correspondant à sa forme. L'œil est la matière de la vue ; si la vue disparaît, il n'y a plus d'œil, sinon par homonymie, comme pour l'œil de pierre ou l'œil dessiné[1] ».

Certes, l'art « parachève dans certains cas ce que la nature n'a pas la puissance d'accomplir, dans d'autres cas il imite la nature[2] » : le fait *d'être en vue de*, qui n'est autre que l'efficacité de la cause finale, est présent dans l'activité technique commet dans le processus naturel. Mais l'imitation de la nature par l'art n'égale jamais le modèle, en raison d'un rapport moins unifié entre la forme et la matière. C'est pourquoi les objets que l'art produit, un arc, une maison ou un avion, diffèrent d'un oiseau, d'une ruche ou de griffes, parce que ce ne sont pas, au fond, des êtres véritables : « De plus, un homme naît d'un homme, mais pas un lit d'un lit ; c'est pourquoi aussi on dit que ce n'est pas la configuration qui en est la nature mais le bois (parce que ce qui viendrait à l'être, si ça bourgeonnait, ce n'est pas un lit mais du bois) : si, donc, ceci est un artefact, la figure aussi est nature : du moins un homme naît-il d'un homme[3]. » Ces réalités complexes, irréductibles à ce que la nature produit spontanément, forment un état de choses nouveau, ou un agrégat de substances déjà existantes, qui sont à la fois altérées et combinées selon des procédés matériels et des méthodes. La technique fait bel et bien apparaître des êtres nouveaux et, par conséquent, elle s'inscrit dans la physis, qu'elle prolonge : les objets techniques, cependant, sont des fruits de la ruse et ils présentent un être d'emprunt.

Ces objets sont même affectés d'un défaut de réalité par rapport à la suffisance des êtres naturels car ils sont

1. *DA*, 413a.
2. *Physique*, II, 8, 199a, p. 152.
3. *Physique*, II, 1, 193a-b, p. 120-121.

doublement dépendants, de leur auteur et de leur usager, d'une part, et, d'autre part, des substances naturelles, individus véritables, assemblages unifiés de matière et de forme. Les êtres *naturels* supportent l'artefact et l'excèdent dans le détail des propriétés. L'objet technique est, par conséquent, un supplément à la nature et un suppléant au processus naturel – par exemple, la sarbacane, dispositif ingénieux, inventé pour la chasse –, mais l'objet technique semble manquer de nature.

Le schéma hylémorphique est commun, dans l'analyse d'Aristote, à l'art et à la nature. Ce schéma présente un double ancrage : il semble évident que le rapport de la forme et de la matière, emprunte à la poièsis, avec l'imposition par l'artisan d'une figure nouvelle à une matière choisie et apprêtée, par exemple, le bois du chêne pour fabriquer des meubles plus solides, ou encore le teck et le bambou pour leur adaptation à des conditions élevées d'humidité. Nous pouvons cependant observer qu'une certaine extériorité se maintient entre le bois de chêne et l'aspect ou l'usage d'un parquet en chêne : cette liaison pour le moins incomplète entre la forme et la matière peut laisser croire en une certaine violence de l'opération technique à l'égard d'une matière qui subit la transformation ; à l'inverse, la matière possède des propriétés en excès par rapport à l'artefact : en raison d'un métal trop rigide, un cylindre peut être abîmé par les déformations que la température de combustion entraîne. De même, la toile d'une œuvre peinte peut s'abîmer, les couleurs s'altérer à la lumière, bien que le portrait, en tant que présentation sensible d'un irréel, demeure intact, ou détaché de telles contraintes. Le schéma hylémorphique, s'il a un point d'appui dans la technique, trouve par conséquent son accomplissement véritable dans l'être vivant, réalité substantielle et individuelle. Le vivant est lui-même le modèle de l'être naturel, comme principe interne de son mouvement et de son repos. Au fond, le chêne n'est pas plus fait pour le meuble que le papyrus pour la feuille du scribe, contrairement à l'œil, qui a la vision pour destination, du moins pour Aristote. Il est possible de conclure que l'artefact est bien une réalisation par défaut, inférieure au modèle naturel, qui ne sera jamais atteint par l'art.

Dans le premier chapitre[1] de son ouvrage sur *l'Individuation à la lumière des notions de forme et d'information*, Gilbert Simondon revient sur la notion technique de prise de forme et sur les fondements de la relation hylémorphique. Une analyse semblable, plus succincte, se trouve dans la conclusion du *Mode d'existence des objets techniques*[2]. Le schéma hylémorphique met à nu la relation entre une certaine détermination du travail humain et la conception de la manière dont l'opération technique réalise la prise de forme. Qu'en est-il exactement du couple forme et matière, qui est au cœur de ce schéma ? Si l'on considère une brique en argile, peut-on dire que le moule assure un modelage de l'argile, comme s'il imposait une forme à une matière passive et indéterminée ? L'inconvénient d'un tel schéma est qu'il divise l'opération technique en deux demi-chaînes, qui restent séparées l'une de l'autre. Pouvons-nous entrevoir comment ces deux extrémités de l'opération technique, la matière et la forme, entrent effectivement en communication, en résonance, pour

1. G. Simondon, *L'individuation à la lumière des notions de forme et d'information* (désormais *ILFI*), 1ʳᵉ part., chap. I, Paris, Jérôme Millon, 2005.

2. G. Simondon, *Du mode d'existence des objets techniques*, (désormais *MEOT*), Paris, Aubier-Montaigne, 1969, p. 242-244.

constituer un objet qui serait marqué par une forte corrélation interne entre ses parties ? Or il convient d'être attentif à ce que ce schéma ne montre pas : certes, on peut avancer que l'ouvrier, ou plutôt l'esclave (dans l'Antiquité), commence à préparer l'argile pour la rendre plastique, sans grumeaux, susceptible de recevoir l'action du moule ; il la rend en quelque sorte docile au travail sur elle de la forme puisque, l'ayant déposée dans le moule, il exerce une pression. Mais l'opération ainsi décrite est une action mécanique, en extériorité, au cours de laquelle le travail physique – ayant le corps, les mains et l'effort humain pour point d'appui et condition –, réalise la médiation, plus ou moins aboutie, entre l'agile et la forme.

Or c'est précisément sur ce point que nous risquons de laisser échapper l'essentiel : « (…) Mais c'est le *système* constitué par le moule et l'argile pressée qui est la condition de la prise de forme ; c'est l'argile qui prend forme selon le moule, non l'ouvrier qui lui donne forme. L'homme qui travaille prépare la médiation, mais il ne l'accomplit pas ; c'est la médiation qui s'accomplit d'elle-même après que les conditions ont été créées ; aussi, bien que l'homme soit très près de cette opération, il ne la connaît pas ; son corps la pousse à s'accomplir, lui permet de s'accomplir, mais la représentation de l'opération technique n'apparaît pas dans le travail. C'est l'essentiel qui manque, le centre actif de l'opération technique qui reste voilé [1]. » Qu'est-ce qui est vraiment dissimulé à travers l'influence majeure du travail sur l'acte technique ? L'acte technique n'est-il qu'une étape ou un moyen du travail ? Faut-il oser libérer l'activité technique de l'emprise culturelle et sociale du travail, pour

1. *MEOT*, p. 243.

rendre manifeste une nouvelle économie du rapport entre l'activité technique et la praxis ?

En effet, l'argile est bel et bien préparée : on passe de l'agile à l'état brut à une argile qui est séchée, broyée puis filtrée (dans un tamis) ; elle est transformée en une pâte plastique, mettant en valeur ses propriétés colloïdales, sa consistance et sa plasticité, qui lui permettront d'épouser sans résidu les contours du moule. La complexité et la richesse de la première demi-chaîne d'opérations consistent à exploiter les potentialités de l'argile, en faisant de telle sorte que chacune de ses molécules entre en relation avec l'ordre de grandeur propre à la forme. Il y a là une qualité propre à la matière que l'opération technique va faire changer d'échelle : les molécules d'argile vont se mouvoir légèrement et se réordonner les unes par rapport au autres, au moment précis où le bloc tout entier que l'agile forme subit la déformation finale, celle qui vient du moule. Aussi cette déformation est-elle l'action d'une forme préalable, celle du moule, sur une forme préexistante, celle des molécules d'argile déjà rangées selon un ordre, lequel appartient au potentiel des forces intra-moléculaires. L'argile possède en fait le potentiel de forces qui va permettre qu'elle soit modelée : elle se configure en vertu de ses forces propres, dont le processus de transformation et de restructuration est déclenché puis orienté par une information donnée par le moule.

L'autre demi-chaîne concerne le moule : il doit être construit, c'est-à-dire fabriqué dans une certaine matière, lissé, rendu apte à épouser la forme géométrique, de manière à ce que celle-ci rayonne sur l'agile sans aucune fissure, sans qu'une bulle d'air soit emprisonnée, dans un parallélisme cohérent avec les chaînes moléculaires de l'agile : l'argile est modelée en évitant des modifications et des mouvements arbitraires. Le moule ordonne la plasticité de l'argile en jouant sur ses forces tout en réglant son énergie afin de stabiliser sa déformation. En réalité, l'opération technique est véritablement *hybride* : elle met en relation un ensemble interélémentaire (la forme) avec un ensemble intra-élémentaire (les forces moléculaires). Au fond, la forme pure induit des opérations qui déclenchent et régulent le devenir inhérent à la matière « L'argile se pousse dans le moule qu'elle remplit (…). Elle propage avec elle dans sa masse l'énergie de l'ouvrier [1] ». La demi-chaîne matérielle véhicule en chaque point de la matière une énergie potentielle, susceptible de provoquer un mouvement de direction et d'amplitude indéterminées ; la demi-chaîne formelle, quant à elle, révèle la capacité de structurer la matière sans avoir recours à un travail excessif, de provenance extérieure (celui de l'artisan) mais en modulant le mouvement interne de celle-ci.

Le moulage met par conséquent en œuvre une force de la matière en même temps qu'une force appartenant à la forme. La *force de la matière*, c'est son énergie potentielle ; la *force de la forme* consiste à moduler l'actualisation des forces. Quand le point d'équilibre est atteint, un objet stable apparaît, dont la cohésion découle d'une relation dynamique entre ses éléments. La nouvelle configuration de l'artefact est déclenchée par une information qui a été ajoutée au système. Le moulage actualise l'énergie potentielle pour chaque partie de matière : tout se passe comme si le moule se met à exister au cœur de l'argile en la faisant tendre vers un nouvel état d'équilibre. Cet équilibre se constitue à travers la genèse d'une structure qui se confond avec la corrélation qui s'établit entre tous les

1. *ILFI*, part. I, chap. 1 er, I, 1, p. 40-66.

éléments. La plasticité de l'argile découle ainsi du fait qu'elle est en mesure de se mettre en état de résonance interne, étant soumise à la pression de l'enceinte, qui agit comme source de l'information modulant le mouvement des molécules. Aussi n'est-ce pas le moule qui donne forme à l'argile mais cette terre qui prend forme elle-même selon le moule. L'acte de l'ouvrier n'est pas de fournir une énergie brute mais de déterminer cette modulation, qui est ici la mise en relation d'une matière avec elle-même, cette matière ayant des potentiels et des qualités.

Le succès de l'opération technique consiste à éveiller au cœur d'une portion particulière de la matière une certaine résonance interne, en structurant l'argile sous l'aspect de l'individualité d'une brique. Ce qui détermine la nature de la brique et sa qualité, c'est le prolongement de cette résonance, c'est-à-dire l'autocorrélation qui en est le caractère. Si elle est bien faite, ses éléments sont intégrés dans un fonctionnement qui définit son être propre. Dans le même ordre d'idées, la compréhension du fonctionnement d'un moteur thermique ou d'une lampe à huile est inséparable de l'opération technique en tant que telle ; la liaison interne entre les éléments assemblés détermine la structure unifiée et la réalité effective d'un tube électronique. L'objet technique doit, en résumé, pouvoir fonctionner et durer en liaison avec l'individualité au moins partielle que le geste technique lui a conféré. Enfin, il est important de noter dès maintenant que la part obscure du schéma hylémorphique, relativement à l'opération technique, est cause de deux présuppositions partielles et erronées : *croire* que l'acte technique ressemble à un ordre donné par un homme libre, maître d'un procès de production auquel il ne participe pas à un esclave qui l'exécute ; *se résigner* à la fatalité d'une servitude du travailleur qui doit faire effort pour contraindre une matière rétive à la transformation technique. Toute l'activité bascule alors du côté de la forme, elle-même mobilisée par la force de l'agent.

Une approche plus fine de l'activité technique dévoile *la prise de forme* comme le résultat en cours des actions réciproques et conjointes de la forme et de la matière : l'*information* se propage en structurant la matière. L'apparition d'une configuration stable et autonome de l'objet technique *qui fonctionne* en est le résultat, la force de la matière et force de la forme interagissant dans l'objet artificiel ainsi produit. Dans ces conditions, l'activité technique ne repose plus sur le corps de l'homme, ce dernier faisant office de trait d'union entre la forme et la matière, entre la nature extérieure et la réalisation des besoins humains. L'agent pratique institue, instruit et commande l'opération technique : il invente la forme de l'objet dont il module et contrôle la réalisation au cours du processus technique. Dans la mesure où l'opération technique développe le potentiel d'une matière, et qu'une information en commande la structuration progressive, elle permet de déléguer l'effort d'ajustement à la nature ainsi que la satisfaction des besoins humains à l'objet technique, qui possède une réalité autonome. Une information a déclenché un processus de connexion de la matière avec elle-même, c'est-à-dire une totalisation dynamique de ses potentialités et de ses qualités, de ce que *peut* cette même matière, dans un artefact nouveau et inédit.

Chapitre II

L'INVENTION TECHNIQUE

Devant un objet technique, l'on se contente, ordinairement, de découvrir et d'observer en lui une finalité extrinsèque, reliée à l'usage : un couteau ou un stylo *servent à* quelque chose. Il y a, en effet, la présentation, la matière et les propriétés de cette chose avec, en supplément, un usage, qui est lié à une *fonction* venant s'ajouter aux propriétés manifestes de l'objet : l'horloge est en bois, elle est pesante, elle contient des ressorts métalliques, etc. L'usage est subordonné à une fonction qui est superposée aux propriétés ordinaires, allant de soi, des composants de la machine. Ce qui est proprement artificiel dans l'horloge, c'est un montage qui *subvertit* les propriétés premières de ses parties composantes. Tout se passe comme si l'objet technique est le résultat de la *machination d'un engin*. Il est possible d'avancer qu'un *mécanisme* consiste en la mise en rapport d'éléments qui vont, par leur interaction, réaliser un mouvement déterminé, comme, par exemple, une fronde, composée d'une petite poche en cuir attachée à des lanières d'une certaine longueur : l'utilisateur de cette arme très simple place un projectile dans la poche puis lui donne un élan en faisant tournoyer la fronde ; lorsque la vitesse acquise est suffisante, il libère le projectile qui est lancé vers la cible choisie.

La logique du mécanisme, si elle est généralisée, conduit à l'hypothèse que la Nature elle-même s'apparente à un gigantesque arrangement artificiel, allant à l'infini. Il est possible d'affirmer, avec Descartes, qu'il n'y a pas de différence absolue entre le naturel et l'artificiel, ou encore que l'artificiel est en quelque sorte naturel : « Car je ne reconnais aucune différence entre les machines que font les artisans et les divers corps que la nature seule compose, sinon que les effets des machines ne dépendent que de l'agencement de certains tuyaux, ou ressorts, ou autres instruments, qui, devant avoir quelque proportion entre les mains de ceux qui les font, sont toujours si grands que leurs figures et mouvements se peuvent voir, au lieu que les tuyaux ou ressorts qui causent les effets de corps naturels sont ordinairement trop petits pour être aperçus de nos sens. Et il est certain que toutes les règles des mécaniques appartiennent à la physique, en sorte que toutes les choses qui sont artificielles, sont avec cela naturelles. Car, par exemple, lorsqu'une montre marque les heures par le moyen des roues dont elle est faite, cela ne lui est pas moins naturel qu'il est à un arbre de produire ses fruits [1] ».

La nature, prise dans son intégralité, présente une logique artisanale d'organisation, qui renvoie aux desseins, pour nous impénétrables, du Créateur, et aux rapports mécaniques déterminant son fonctionnement ; quant aux choses produites, au sens strict, par les artisans, elles présentent de nouveaux agencements, ou des combinaisons de corps et de mouvements, qui dépendent également des lois mathématiques de l'étendue matérielle, des figures et du mouvement. Il y a là, indirectement, comme un point

1. Descartes, *Principes de la philosophie*, Première partie et sélection d'articles des parties 2,3 et 4, Paris, Vrin, 2009, IV, article 203, p. 233-237.

commun entre Aristote et Descartes : la finalité de l'objet technique est extérieure mais Descartes précise que tout, dans la matière comme dans la nature, est en extériorité, car il ne saurait exister une spontanéité intrinsèque des choses.

L'horloger a une fois pour toutes imaginé, dessiné et construit l'agencement des ressorts, des poulies et des aiguilles, de telle sorte que la transmission du mouvement entre les parties de l'horloge s'effectue selon la configuration d'ensemble de l'instrument, qui indique l'heure, en relation avec le mouvement uniforme des aiguilles sur un cadran. Il convient cependant de relever que l'idée d'une finalité extrinsèque de l'artifice s'exprime de manière privilégiée dans l'automatisme, c'est-à-dire dans un mouvement prévu, initialement défini et coordonné, qui se déroule et se reproduit de manière inchangée. Dans cette perspective, l'autocorrélation ou l'individualité propre de la machine passent au second plan par rapport à son usage puisque la fonction, l'utilité, semblent précéder et déterminer le fonctionnement en tant que tel. Or le fonctionnement de la machine ne découle pas purement et simplement de la fonction qui lui est assignée. Il est pour le moins illusoire de tirer de l'*adaptation* de la machine à tel ou tel usage l'affirmation d'une finalité rigide qui conditionnerait cette machine, laquelle devrait *servir* à ceci ou cela. Il est donc important d'éviter deux erreurs qui relèvent d'une seule et même méconnaissance : réduire l'objet technique à une simple utilité ou, au contraire, le valoriser comme un objet sacré. En effet, c'est en prêtant des *intentions* quasi-humaines à un fonctionnement matériel que l'on forme le fantasme d'un objet sacré et maléfique, qui aurait le pouvoir de contredire les intentions des êtres humains et d'exercer une domination sur ses usagers.

Il suffit de penser à l'ordinateur HAL dans le film *l'Odyssée de l'espace*, de Stanley Kubrick : le robot « programmé » pour le calcul de la trajectoire du vaisseau et le contrôle des différents appareils et moteurs – dont les conditions d'hibernation d'une partie de l'équipage –, « décide » de supprimer les humains afin de réaliser radicalement la mission qui lui est impartie – l'exploration des anneaux de Jupiter –, le facteur humain apparaissant, dans le calcul qui tient lieu de pensée pour le robot, comme étant la source d'une incertitude, ou d'un danger d'initiatives intempestives, mettant en péril la réalisation de la mission assignée. Le « robot » devient ici une figure inquiétante parce que contradictoire, reposant, d'une part, sur un fantasme de dépossession de l'homme par les intentions malignes de la machine – celle-ci ayant été l'objet d'un processus non pertinent d'anthropomorphisation –, et, d'autre part, sur le caractère automatique et imperturbable de son fonctionnement, qui le rend imperméable aux significations. C'est pourtant l'adaptation une fois pour toutes à une tâche bien définie, ainsi que l'assignation d'un mécanisme automatique à une fonction (par exemple les différents programmes de lavage dans un lave-linge), qui représentent une image fausse des schèmes de fonctionnement d'une machine.

Examinons à nouveau la propriété *d'auto-corrélation* : les structures internes de la machine – ou la manière dont les divers éléments entrent en résonance au sein d'un fonctionnement d'ensemble –, fixent dans la matière une forme qui a été inventée par l'homme ; cette forme requiert par conséquent une certaine présence de son auteur, qui est son inventeur et qui procure au dispositif technique l'information nécessaire pour assurer son fonctionnement autonome. Celui-ci est ni automatique, ni figé dans un programme rigide, parce qu'il contient une part d'indétermination. En effet, une machine pleinement machine présente un fonctionnement qui doit être en mesure de *s'auto-conditionner* en cours de route, grâce au supplément d'information pouvant être introduit dans ses circuits matériels.

Dès l'introduction du *Mode d'existence des objets techniques* [1], Simondon fait allusion aux calculateurs modernes : les possibilités de commutation permettent de coder et de recoder la machine, en faisant fluctuer sa marge d'indétermination, c'est-à-dire de programmation, en cours de fonctionnement : les mêmes structures permettent par conséquent de réaliser, selon le schème d'organisation choisi par l'agent, des opérations distinctes. La marge d'indétermination permet également une auto-programmation, en réponse au traitement d'une information prélevée dans le monde extérieur ; les machines peuvent aussi être interconnectées et fonctionner en réseau : elles se reconfigurent selon des arrangements différents afin d'effectuer des opérations spécifiques.

Dans cette perspective, l'homme n'est pas un simple auxiliaire de la machine, chargé de commander ou de surveiller l'exécution des opérations, ni un servant malheureux de la machine et de son entretien, mais le véritable créateur ainsi que le régulateur des systèmes. Il appartient au technicien d'imaginer et de concevoir la manière dont les machines interagissent et se répondent au sein du schéma d'ensemble des opérations à effectuer : c'est précisément par ce fonctionnement, qui n'est pas

1. *MEOT*, p. 12.

déterminé à l'avance, que le technicien intervient comme une sorte de chef d'orchestre, assurant la cohésion du dispositif et la convergence de ses opérations [1].

L'ORDINATEUR N'EST PAS UNE MACHINE

Dans les années 1950, IBM a sollicité un philologue français réputé, M. Jacques Perret, spécialiste de langues anciennes, lui demandant de proposer une traduction adéquate en français du mot anglais « computer ». Or M. Perret s'interdit l'équivalent littéral « calculateur » et propose « ordinateur », le terme qui va s'imposer. Le mot *ordinateur* dit tout autre chose que *calculateur*, si nous comprenons calculateur au sens d'un procédé mécanique, sous la forme d'une consécution d'opérations. Au contraire, *ordinateur* met la mise en ordre en relation avec une intelligence, celle du Dieu *ordonnateur*, qui institue une compatibilité entre les choses créées. Nous allons à ce sujet essayer de mettre en évidence, en suivant certains exemples étudiés par Mark Alizart dans son *Informatique céleste* [2], en quoi consiste l'objectivation de la pensée sous la forme de *procédures mécaniques*, objectivation qui est au principe de l'informatique. Mais l'ordinateur est-il pour

---

1. *MEOT*, p. 12 : « C'est encore par l'intermédiaire de cette marge d'indétermination et non par les automatismes que les machines peuvent être groupées en ensembles cohérents, échanger de l'information les unes avec les autres par l'intermédiaire du coordinateur qu'est l'interprète humain. Même quand l'échange d'information est direct entre deux machines (comme entre un oscillateur pilote et un autre oscillateur synchronisé par impulsions) l'homme intervient comme être qui règle la marge d'indétermination afin qu'elle soit adaptée au meilleur échange possible d'information ».

2. M. Alizart, *Informatique céleste* (désormais *IC*), Paris, P.U.F., 2016.

autant une machine au sens ordinaire, dont l'excellence résiderait dans un fonctionnement de nature automatique ? Nous allons voir que l'informatique existe parce qu'elle s'affranchit de l'opinion que la pensée serait elle-même de nature mécanique. C'est pourquoi un ordinateur n'est pas un dispositif automatique, qui réitère séquentiellement des opérations fixées une fois pour toutes et préenregistrées. Il n'est donc pas une *machine à calculer* : cette différence est le fil conducteur qui aide à comprendre la notion de *programme*, quand il s'agit d'un ordinateur.

Commençons par décrire la machine à calculer que Pascal a inventée afin de préciser en quoi cette première réalisation *n'est pas* encore un ordinateur. La « *Pascaline* » se présente comme une boîte ayant la forme d'un parallélépipède ; sur sa face principale, on trouve, de droite à gauche, des cadrans circulaires, où l'on choisit un chiffre entre 0 et 9. Chaque cadran est attaché à une roue qui met en mouvement un tambour, lequel se trouve fixé perpendiculairement au cadran. Sur la face de la boîte, au-dessus des cadrans, on peut apercevoir de petites fenêtres où la rotation du tambour fait apparaître le chiffre qui a été sélectionné par l'usager. Si ce dernier a choisi le chiffre 4 sur le premier cadran, à droite, ce chiffre apparaît sur l'écran qui est en haut du cadran ; imaginons que l'opérateur sélectionne ensuite le chiffre 3 sur le même cadran, pour l'addition 4+3 : la roue attachée fait tourner le tambour de l'équivalent de trois cases sur le cadran et le porte à 7, chiffre qui apparaît dans la fenêtre. Il est certain que la machine, en l'occurrence, ne calcule pas, ne pense ni ne juge : elle extériorise seulement des chiffres sous la forme de données matérielles (des cases), que parcourt un cadran qui entraîne une roue.

Les chiffres, entités discrètes, sont donc représentés par le mouvement continu de rotation du tambour. Que se passe-t-il si le résultat de l'addition excède le chiffre 9 et ne peut être représenté par la série allant de 0 à 9, qui figure sur la roue et sur le tambour qui lui est associé ? La retenue des dizaines est, en fait, effectuée *automatiquement* par la machine, grâce à un picot fixé sur chaque roue ; ce picot entraîne la roue adjacente, de telle sorte qu'au passage du 0, le chiffre des dizaines s'inscrit sur le cadran à gauche du premier. L'opération peut continuer jusqu'à cinq chiffres. La machine affiche la somme dans les fenêtres mais elle ne peut réaliser que des *additions* ; une multiplication suppose en effet d'être convertie en une suite d'additions. Or on observe que la roue, en tournant, donne une *image matérielle* de la pensée ; elle réalise, par son mouvement, c'est-à-dire *sans penser*, les additions commandées par l'opérateur. Le « calcul » est effectué par le mouvement des roues correspondant à un chiffre et par le transfert d'un résultat partiel sur une autre colonne (le chiffre des dizaines) : ce transfert dépend du seul mécanisme d'engrenage des différentes roues les unes avec les autres. Dans ce cas, *tout est automatique* et on a bien affaire à une machine, que Alizart décrit en ces termes, qui soulignent les limites *ontologiques* de la Pascaline : « Autrement dit, la machine ne se *produit* pas en calculant. Elle est un simple outil dont on se sert. Elle est indifférente à sa propre existence. Un chiffre entre (*input*), il est transformé, un autre chiffre sort (*output*), et ainsi de suite à l'infini. Là encore, la machine a son principe « hors d'elle ». (...) Elle fait des calculs comme Charlot visse des boulons dans *Les Temps Modernes*, à la chaîne, sans jamais qu'il soit possible de lui faire faire autre chose [1] ».

1. *IC*, p. 32.

Charles Babbage (1791-1871), mathématicien soucieux d'appliquer des avancées en matière de calcul à l'industrie de son temps, a constaté que le calcul des puissances est lent et laborieux avec la machine de Pascal : pour résoudre ce problème, il invente en 1823 la « *machine à différences* », qui exploite la notion de logarithme. Avec cet appareil, le calcul de la puissance (par exemple, le carré ou le cube d'un nombre) ou la multiplication deviennent une série d'additions *progressives*. Il conçoit à cette fin une machine beaucoup plus complexe que la Pascaline : celle que Babbage présente après dix années d'efforts contient 25 000 pièces ! La machine à différences de Babbage a la capacité (1) d'effectuer, au niveau de la première roue, le carré de x, par exemple 1^2, soit le résultat 1 ; ce résultat est transmis (2) à la colonne de gauche. Toutefois, le montage d'un *mécanisme de rétroaction* fait que le résultat est conservé (3) dans la première colonne « *grâce à un ingénieux* système de roue intermédiaire qui « renvoie » le chiffre passé à la colonne d'après à la colonne d'avant. « Elle additionne ensuite cette mémoire au chiffre 2 (l'incrémentation logarithmique minimale du carré de x), ce qui donne 3, chiffre qu'elle ajoute à la deuxième colonne qui affiche déjà 1 (le résultat de 1^2). Elle produit ainsi le chiffre 4 qui est 2^2. Ensuite, la première roue additionne de nouveau 2 au résultat précédent qu'elle a conservé en mémoire (le chiffre 3). Le résultat 5 est ajouté à la seconde roue, qui affiche l'ancien résultat 4. La somme de 4 et 5 produit le chiffre neuf, qui est 3^2. Ainsi de suite »[1].

Le logarithme est ainsi *mécanisé* sous la forme d'une procédure matérielle mais la machine, quant à elle, a acquis une consistance nouvelle puisque les *rétroactions* signifient que le contenu de ce qui a été mis en mémoire est susceptible

1. *IC*, p. 34, note 1.

d'être modifié au fur et à mesure des nouvelles opérations puis d'entrer dans les opérations en cours. Il est vrai que cette mémoire qui « apprend » reste élémentaire et pauvre par rapport aux ressources du vivant. C'est pourquoi Babbage envisage alors un autre paradigme, celui de la machine qu'il nomme *analytique*. Le fonctionnement de cette machine, toutes proportions gardées, s'apparente à celui des ordinateurs d'aujourd'hui : la machine reçoit en effet des « instructions » qui sont inscrites sur des cartes perforées et les nombres sont stockés dans une partie du dispositif jouant le rôle de mémoire. Il est permis d'avancer que, dans une certaine mesure, une telle machine *pense*, puisqu'elle interroge le résultat de ses opérations et module l'opération suivante, en liaison avec ce que prescrit son programme.

On ne dira pas pour autant qu'elle se pense pensante ou qu'elle se représente elle-même en train d'effectuer ses opérations ! Tout simplement, elle « pense » au sens où, au cours de son fonctionnement et en raison des résultats de ses calculs, elle lit et interprète d'après son programme puis répond en ajustant son propre fonctionnement. Elle suit ainsi des « ordres logiques » de la forme « *si* 1, *alors* recommencer jusqu'à 0 » ou « *si* 0, *alors* s'arrêter ». Appliquant le langage de la logique formelle, la machine agit sur elle-même (les résultats de ses opérations) en reconfigurant ses opérations à venir. Elle fonctionne, en réalité, à travers le couple que forment résultat et programme, commande (ordre logique) et calcul. Quoique dépourvue de tout redoublement réflexif, la machine esquisse malgré cela un rapport à elle-même, à travers la corrélation entre les ordres logiques, le calcul, le résultat et l'interprétation du résultat en vue de réitérer ou non telle opération. Elle *se boucle* de la sorte sur elle-même. En outre, le programme, au sens étroit des instructions, est lui-même séparable de l'aptitude que possède la machine d'être programmée et reprogrammée.

Ce que décrit Alizart illustre la notion développée par Simondon d'une *indétermination* des machines, qui permet leur programmation pour des opérations différentes, ce qui les rapproche un peu de l'organisme vivant [1] : « Elle peut être hybridée à d'autres objets, munie de capteurs ou de membres, être interconnectée avec d'autres ordinateurs. Bref, ce n'est presque plus une machine, et encore moins un « outil » : c'est un monde en soi, un milieu, une deuxième nature, une sorte de « corail pensant ». Ainsi, la machine n'est pas mécanique, au sens d'une suite d'opérations prédéterminées de l'extérieur, qui l'assignent à fonctionner automatiquement, sans avoir aucune prise sur l'information qui déclenche et règle ce fonctionnement car elle dispose, au contraire, d'un programme propre. Ce programme implique l'aptitude de la machine à être programmée et à tirer parti d'une information qu'elle prend en compte pour déterminer la sélection et la réalisation de ses opérations. La machine peut, par conséquent, recevoir une diversité de programmes ; elle n'est pas figée dans un fonctionnement automatique, qui l'assigne à certaines tâches, en fonction d'un contexte avec lequel elle ne peut échanger aucune information.

Alan Turing, au XXe siècle, va plus loin dans l'évaluation de ce que *peut* un programme : la machine ne *calcule* pas au sens strict, c'est-à-dire qu'elle n'ajoute pas des unités à des unités, en raison de la forme d'une opération (par exemple, l'addition) qui s'applique à un contenu préexistant. Elle établit une corrélation entre une *instruction* et un *état*

---

1. *IC*, p. 39.

(il y a un nombre pair / il n'y en a pas). Il y a là un continu, c'est-à-dire tout ce qui est calculable, selon les fonctions que prescrivent les instructions ordonnatrices d'un programme [1].

RÉSONANCE INTERNE ET UNITÉ EN DEVENIR

Comment envisager la forme d'objet individué et auto-corrélé que présente l'objet technique, sans reconduire la question de la finalité et de sa liaison avec le mécanisme de la machine ? Il faut pour cela ne pas chercher en l'objet une identité fixée, arrêtée une fois pour toutes et correspondant à sa définition. Cela suppose, par exemple, de ne pas considérer les premiers moteurs à essence des voitures, puis celui des automobiles actuelles, ou encore le moteur Diesel, en essayant de décrire des différences et des ressemblances entre des objets distincts, qui manifestent une individualité bien définie tout en étant comparables les uns aux autres. Car ce genre de comparaison, qui vise à mettre en évidence des ressemblances et des différences, alterne entre l'identification des occurrences à un même modèle et l'embarras devant des discontinuités, par exemple, entre le moteur d'avion à hélice et le turboréacteur. Du moteur thermique des années trente à celui des voitures actuelles, il faut tenter de reconstituer, en-deçà des réalisations distinctes, un processus d'individuation, c'est-à-dire de *genèse* : l'individualité d'un objet technique réside dans une « unité en devenir », qui conduit à une plus grande concrétisation. Car s'il y a bien une « finalité » dans l'organisation des premiers moteurs comme dans les

---

1. Le lecteur soucieux d'approfondir cette question peut consulter avec profit l'essai de Patrick Varenne, *Qu'est-ce que l'informatique ?*, paru aux éditions Paris, Vrin, 2009.

suivants, une telle expression ne rend pas compte de la plus grande intégration des moteurs, tout au long d'une véritable « lignée » technique : une telle lignée n'a rien d'une évolution biologique, marquée par des mutations au cours de la descendance, mais elle met en évidence un processus interne de transformation, où interviennent des reconfigurations et des changements de paradigme, sur fond des difficultés rencontrées dans la réalisation puis le fonctionnement des machines.

Une thèse capitale apparaît au tout début du *Mode d'existence...*, 1 re partie, chapitre I. Demandons-nous encore une fois pourquoi l'usage est une mauvaise piste pour comprendre l'organisation d'un objet technique. En effet, l'usage ou la fin assignée à l'objet semblent ignorer qu'une même fonction peut être assurée par des fonctionnements différents (balai ou aspirateur pour nettoyer la poussière). À l'inverse, un même objet technique, par exemple la turbine à gaz, peut entrer dans le fonctionnement des générateurs d'une centrale électrique ou dans un réacteur d'avion ; le moteur à combustion interne, à quatre temps, peut équiper une automobile et transmettre aux roues le mouvement par l'intermédiaire d'un vilebrequin ; ce même type de moteur peut assurer les performances de propulsion d'un avion de combat *Spitfire*, par un moyeu tournant, qui entraîne les pales d'une hélice.

Des structures distinctes regroupent des éléments et des formes différenciées de fonctionnement. Nous allons voir que le lien entre des rapports mécaniques organisés en fonctions met à jour des schèmes de totalisation ; ces derniers ne peuvent être classés et comparés qu'en prenant pour référence la manière d'être d'un organisme vivant ou d'un agent humain.

En quel sens la *genèse* de l'objet technique fait-elle partie de son être ? Qu'est-ce que ce devenir implique quant à la « finalité » apparente de l'objet technique et en quoi permet-il de distinguer la propriété d'*hypertélie* (par suradaptation et excès de finalité dans la constitution d'un objet technique et de ses opérations) et *l'auto-conditionnement*, qui désigne la spécificité de l'objet technique en cours de fonctionnement[1] ? Nous commencerons par décrire le moteur à essence présent dans les voitures, puis nous tenterons de mettre en œuvre ces indications sur un domaine différent, celui de la propulsion aéronautique.

Le moteur d'aujourd'hui, en effet, n'est pas un prolongement amélioré de celui de 1910 ; il convient à ce propos d'éviter un lieu commun : le moteur contemporain serait plus perfectionné, au terme d'un progrès linéaire. Par exemple, l'allumage avec une manivelle, qui permet de démarrer le moteur grâce à l'apport d'une source d'énergie extérieure (en l'absence de démarreurs électriques, étant donné la puissance réduite des batteries de l'époque) est à la fois plus simple et plus robuste, mais inconfortable. Ce sont en réalité les régimes de causalité qui permettent d'introduire des différences qualitatives. En effet, il est réducteur de voir dans l'objet technique l'application d'une épure abstraite, suivant un arrangement logique d'une suite d'opérations simples, qui correspondent à des fonctions élémentaires.

Dans une horloge ordinaire, par exemple, remonter le ressort, transmettre les mouvements aux roues au fur et à mesure de la détente de ce ressort, puis répartir le mouvement sur les aiguilles : dans ce cas, la finalité tient en l'établissement d'une conjonction entre des mouvements

---

1. *MEOT*, I, 2 : Evolution de la réalité technique ; éléments, individu, ensemble.

élémentaires et distincts les uns des autres. La finalité prend appui sur chaque élément, qui devient une sorte d'absolu, détenteur d'une seule fonction déterminée ; c'est pourquoi chacune de ces fonctions, fermée sur elle-même et sur ses effets propres, se trouve assujettie à une configuration globale, qui est censée délivrer par addition le fonctionnement attendu. Il s'agit là d'un mécanisme *partes extra partes*, qui a pour point de départ une représentation logique et géométrique de la transmission du mouvement. On peut observer que les premiers moteurs thermiques (1910) équipant les automobiles s'apparentent au « montage intellectuel » *abstrait* et *en extériorité* d'une horloge [1].

En quoi le moteur actuel est-il plus concret ? La chambre d'explosion, les soupapes, la forme des pistons entretiennent des rapports de dépendance réciproque : l'avance à l'allumage est calculée en tenant compte des propriétés du métal et de la forme de la culasse, en liaison avec le degré de compression exigé. Dès que le cycle est enclenché, il se produit un dégagement de chaleur qui modifie la température des électrodes des bougies, ce qui entraîne des effets sur l'allumage et, en retour, sur le cycle tout entier. Il faut donc tenir compte de cet échange d'énergie entre les parties car il est impossible de supprimer les interactions, aussi bien celles qui sont prévisibles que celles

---

1. *MEOT*, I, 1, p. 21 : « Un échange permanent d'énergie entre les deux éléments apparaît comme une imperfection, si cet échange ne fait pas partie du fonctionnement théorique ; ainsi, il existe une forme primitive de l'objet technique, la forme abstraite, dans laquelle chaque unité théorique et matérielle est traitée comme un absolu, achevée dans une perfection intrinsèque nécessitant, pour son fonctionnement, d'être constituée en système fermé ; l'intégration à l'ensemble offre dans ce cas une série de problèmes à résoudre qui sont dits techniques et qui, en fait, sont des problèmes de compatibilité entre des ensembles déjà donnés ».

qui découlent de l'usure, de l'environnement extérieur, de la qualité des matériaux, etc.

Un tel *problème* provoque, dans un premier temps, l'ajout de structures de défense, comme par exemple, les ailettes de refroidissement qui sont montées sur la culasse. Il est à noter que ces ailettes commencent par être super-posées à la géométrie du cylindre et de la culasse puisqu'elles ne servent qu'à une seule chose, le refroidissement par circulation de l'air, afin de compenser l'élévation de la température des soupapes. Or, dans les moteurs des années cinquante, les ailettes acquièrent un nouveau rôle : étant donné que la culasse est soumise à la pression des gaz de combustion, les ailettes se confondent avec des nervures disposées à même la culasse, pour contrecarrer les risques de déformation de celle-ci. Il n'est plus possible, dans ces conditions, de distinguer le volume global du cylindre et de la culasse, d'une part, et les enjeux de la dissipation thermique, d'autre part. Le gain d'intégration entre l'unité mécanique et l'unité de dissipation thermique consiste en l'apparition d'une structure bivalente : d'un côté, les ailettes permettent de faire circuler l'air extérieur autour du cylindre et permettent un refroidissement ; d'un autre côté, ces mêmes ailettes, font partie de la culasse et protègent la chambre d'explosion en la dotant d'un contour indéformable, avec le bénéfice supplémentaire d'une coque métallique moins épaisse.

Des fonctions peuvent ainsi agir *en synergie* sur une même structure qui les porte. Un tel fonctionnement met à jour la dimension *transductive*[1] de la résonance interne

---

1. Rappelons la définition élémentaire de la tranduction et de l'opération transductive, donnée par Simondon dans *L'individuation à la lumière des notions de forme et d'information*, Grenoble, Jérôme Million, 2005, p. 32-33 : c'est « une opération, physique, biologique,

de l'appareil, dans la mesure où l'échange entre plusieurs fonctions implique une restructuration de l'ensemble. En effet, la convergence des fonctions s'accompagne de l'apparition d'une seule et même structure qui enveloppe leur relation. Le moteur est plus évolué parce que sa forme dépasse des incompatibilités antérieures et manifeste un fonctionnement qui gagne en auto-corrélation. La description des différences de concrétisation entre deux moteurs peut emprunter une comparaison suggestive à la division du travail et à ses formes : « Dans le moteur ancien, chaque élément intervient à un certain moment dans le cycle, puis est censé ne plus agir sur les autres éléments ; les pièces du moteur sont comme des personnes qui travailleraient chacune à leur tour, mais ne se connaîtraient pas les unes les autres [1]. »

L'avion est moins exposé que l'automobile à des considérations psychologiques relevant de l'usager ; les facteurs techniques sont dans ce domaine plus déterminants, sans être pour autant indépendants des choix sociaux, économiques et politiques. De fait, les interactions entre la science et la technique s'observent plus aisément dans l'aéronautique. Pendant longtemps, l'avion a été associé à l'hélice, mise en mouvement, dans les avions de Clément

mentale, sociale, par laquelle une activité se propage de proche en proche à l'intérieur d'un domaine, en fondant cette propagation sur une structuration du domaine opérée de place en place : chaque région de structure constituée sert à la région suivante de principe de constitution, si bien qu'une modification s'étend ainsi progressivement en même temps que cette opération structurante. Un cristal qui, à partir d'un germe très petit, grossit et s'étend selon toutes les directions de son eau-mère, fournit l'image la plus simple de l'opération transductive ; chaque couche moléculaire déjà constituée sert de base structurante à la couche en train de se former, le résultat est une structure réticulaire amplifiante. L'opération transductive est une individuation en progrès ».

1. *MEOT*, p. 21.

Ader par un moteur à vapeur, puis, avec les frères Wright, par un moteur à combustion interne ; les avions d'aujourd'hui sont équipés dans leur grande majorité de réacteurs. Les pales d'une hélice, cependant, sont entraînées par un moyeu, dont l'énergie mécanique provient de la réaction chimique due à la combustion d'un mélange air et essence. Chaque pale d'une hélice est également une surface portante, comme l'aile : le mouvement de la pale modifie la direction et la vitesse de l'air qui, en la contournant, exerce sur elle un travail équivalent à l'énergie reçue du moteur. L'article de l'*Encyclopaedia Universalis* sur la propulsion aéronautique donne la définition de l'avancement de l'avion, en vertu du principe physique de l'action et de la réaction : « En régime établi, l'hélice progresse à la vitesse de vol $V°$ et brasse une quantité d'air Q, qui quitte les pales à une vitesse supérieure Vj. La force de traction exercée sur l'arbre de l'hélice est égale à la variation de la quantité de mouvement : $F = Q (Vj — V°)$ et provoque l'avancement de l'avion ».

Principe de l'égalité de l'action et de la réaction, établi par Newton : l'air envoyé vers l'arrière de l'hélice ou de la tuyère est poussé par le moteur et, en réaction, l'air pousse l'élément moteur et, par cela même, l'avion. Il s'ensuit que l'hélice fonctionne moins bien lorsque la vitesse d'écoulement de l'air est proche de la vitesse du son ; elle est donc réservée à des avions volant à une basse altitude, à une vitesse autour de 500 km/h seulement. Du point de vue qui nous concerne, l'hélice, ainsi que le moteur à pistons, apparaissent par certains aspects comme moins *concrets* puisqu'il faut d'abord transformer l'énergie chimique en énergie mécanique dans la chambre de combustion, puis, par l'intermédiaire du moyeu et de l'hélice, transformer l'énergie mécanique en propulsion.

Or le moteur à réaction, ou turboréacteur, est, dans son fonctionnement plus *simple* bien que sa conception et sa production soient techniquement plus riches et plus complexes. Ce type de moteur est plus *concret* : en effet, il se compose d'un compresseur, d'une chambre de combustion où se produisent le mélange et la combustion du kérosène et de l'air comprimé, d'une turbine et d'une tuyère d'éjection des gaz accélérés. Ce fonctionnement est plus simple parce que la *réaction* se produit au niveau même de la turbine : c'est la vitesse d'éjection des gaz qui provoque la poussée. De même, c'est au niveau de la turbine qu'une partie de l'énergie produite est récupérée pour entraîner le compresseur. Le compresseur puis la combustion entraînent la turbine, qui entretient le fonctionnement du compresseur.

Cet exemple permet d'approfondir le sens de la notion de concrétisation. Dès lors que le taux de compression est élevé et que l'accélération de l'air à la sortie de la tuyère est surmultipliée – en raison de la compression et de la température élevée que peuvent supporter les composants du moteur, en l'occurrence la chambre de combustion (pour le mélange air + kérosène) et la tuyère (pour la détente des gaz) –, il devient possible de dériver une partie de l'air, après la compression, vers une éjection directe. L'effet cinétique est ainsi augmenté, sans passer par le cycle comprenant la combustion puis la détente en turbine. Le rapport entre la quantité d'air ainsi dérivée et celle qui circule dans tout le turboréacteur décrit le taux de dilution. Dans ce cas de figure, celui des moteurs à réaction dits à double flux, l'auto-corrélation des constituants du système joue pleinement. L'avion bénéficie d'un supplément de poussée avec une consommation plus économe, tout en réduisant la nuisance sonore. À travers ce jeu de causalités associées, le moteur optimise les échanges avec son milieu, étant donné que les effets de son propre fonctionnement exercent un certain conditionnement sur ce milieu.

L'évolution technique peut être continue, avec l'accumulation de petits perfectionnements, mais elle procède souvent par franchissement de paliers, c'est-à-dire par des réorganisations structurales, qui constituent le progrès véritable. Il ne s'agit pas de mutations brutales mais d'innovations, où l'on comprend après coup comment un problème a été résolu en changeant en quelque sorte la donne, en surmontant un blocage antérieur[1]. Les connaissances scientifiques jouent un rôle important, si l'amélioration d'un objet technique bute sur des limites tenant aux propriétés physiques des matériaux ou à des incompatibilités dans l'organisation des sous-ensembles et leur mise en relation. Par exemple, le moteur à hélices présente les contraintes d'un moteur à explosion appliquant un couple de forces sur un arbre qui fait tourner l'hélice : des engrenages spécifiques dont requis pour ajuster les pales à l'air brassé, en faisant varier leur angle d'attaque.

La connaissance des matériaux et la réalisation de matériaux composites augmentent la résistance et permettent par exemple d'entretenir des températures très élevées dans les chambres de combustion et dans les turbines des moteurs à réaction, sans avoir à accroître démesurément

---

1. *MEOT*, p. 27 : « Les réformes de structure qui permettent à l'objet technique de se spécifier constituent ce qu'il y a d'essentiel dans le devenir de cet objet ; même si les sciences n'avançaient pas pendant un certain temps, le progrès de l'objet technique vers la spécificité pourrait continuer à s'accomplir ; le principe de ce progrès est en effet la manière dont l'objet se cause et se conditionne lui-même dans son fonctionnement et dans les réactions de son fonctionnement sur l'utilisation ; l'objet technique, issu d'un travail abstrait d'organisation des sous-ensembles, est le théâtre d'un certain nombre de relations de causalité réciproque ».

les volumes. Cependant, les seules avancées scientifiques ne peuvent résoudre un problème technique, qui suppose que soit *imaginé* au préalable le cadre de la solution où ces mêmes connaissances pourront être exploitées.

Les remarques qui précèdent illustrent un caractère essentiel de l'objet technique concrétisé, ainsi que l'insuffisance de la notion de finalité artificielle, dont l'origine se trouve dans les gestes de la fabrication artisanale. Le schéma assez élémentaire de l'horloge a déjà été mentionné : une fonction est assignée à un élément, puis les fonctions sont coordonnées en un mécanisme qui les unifie. Que se passe-t-il, en effet, dans le cas de machines simples, comme un treuil, un palan, ou une presse hydraulique ? La mécanique permet de comprendre les fonctions essentielles et de les fixer sur des éléments matériels, afin que la causalité, que l'on s'est représentée abstraitement, puisse s'appliquer et s'exercer. Encore faut-il, pour que cela se réalise, atténuer ou supprimer les effets d'autres propriétés de la matière ainsi que le jeu de nombreuses causalités, susceptibles d'interférer avec les fonctions envisagées. Il peut s'agir des phénomènes d'oxydation, mais aussi des effets de l'accroissement de la vitesse sur les extrémités des pales d'une hélice, ou encore de la chaleur de combustion d'un moteur à explosion, qui appellent toutes sortes de perfectionnements pour faire obstacle à ces effets négatifs : refroidissement, graissage des pièces, etc.

Il s'ensuit que, dans une conception *artisanale* de la finalité, toutes les propriétés de l'objet technique en tant qu'il constitue aussi un objet naturel, c'est-à-dire un objet soumis à une somme indéfinie de phénomènes et d'interactions autres que celles qui sont prévues dans l'objet artificiel, ne sont pas réellement intégrées à son existence. En fait, l'objet technique est bel et bien naturel, mais au sens où, immergé dans la nature, son agencement peut être désagrégé : comment maintenir la forme ajoutée par la *poièsis* malgré le frottement, l'électrisation et tous les autres phénomènes du monde ambiant ? Il s'avère clairement que la finalité artisanale ne va pas assez loin, que l'objet fabriqué est artificiel en un sens privatif, dans la mesure où il échoue à maintenir son individualité et qu'il risque de se dissoudre dans le flux des interactions autres que celles prévues dans la série abstraite et limitée des opérations du système.

Le fait que les cylindres du moteur soient nervurés rend possible une synergie des fonctions de refroidissement et de résistance à la déformation. De même, le réacteur à double flux transforme les masses d'air en une sorte de milieu associé, qui est intégré à un meilleur rendement du moteur. Il convient, à la lumière de ces observations, de remanier le sens de la distinction entre objet naturel et objet artificiel : un objet n'est pas artificiel parce qu'il naît d'une opération productrice de l'homme, par opposition à celui qui découle de la spontanéité de la nature. Une plante cultivée en serre chaude a beau être naturelle, elle peut être considérée comme artificielle si elle ne donne que des pétales (fleur double) sans engendrer un fruit : « L'homme a détourné les fonctions de cette plante de leur accomplissement cohérent, si bien qu'elle ne peut plus se reproduire que par des procédés tels que le greffage, exigeant une intervention humaine. L'artificialisation d'un objet naturel donne des résultats opposés à ceux de la concrétisation technique : la plante artificialisée ne peut exister que dans ce laboratoire pour végétaux qu'est une serre, avec son système complexe de régulations thermiques et hydrauliques. (…) Les régulations de l'objet primitivement naturelles deviennent les régulations artificielles de la serre.

L'artificialisation est un processus d'abstraction dans l'objet artificialisé [1] ». Le technique et l'artificiel ne se confondent pas ; l'artificiel dénote une perte du caractère concret de l'être vivant, un manque de résonance interne de l'objet technique, un déficit d'échange et d'intégration avec le milieu extérieur. Il manque à l'objet artificiel ainsi défini une zone de médiation, c'est-à-dire le milieu associé qui est induit par l'apparition et le fonctionnement d'un objet technique, comme si celui-ci provoquait les conditions extérieures de sa propre existence au sein du monde. Par exemple, l'automobile moderne suppose le réseau autoroutier, l'infrastructure de production et de distribution de l'énergie (carburant et électricité), et même le système satellitaire de localisation et de régulation de la circulation. L'objet technique fait en quelque sorte *système* en lui-même : il lui faut se créer et s'adjoindre un monde partiel, une réalité mixte et médiatrice, au sein du monde.

AUTO-CONDITIONNEMENT ET *MILIEU ASSOCIÉ* : LA RÉSOLUTION D'UN PROBLÈME TECHNIQUE

La concrétisation implique la liaison de plusieurs fonctions sur une même structure, qui agit en synergie avec toutes les autres. C'est en ce sens que l'on peut identifier un *progrès* technique : le moteur à réaction n'est pas le résultat de l'addition de plusieurs perfectionnements mineurs mais d'une mutation, d'une reconfiguration de l'ensemble précédent. En effet, il n'est pas possible de considérer que le moteur à réaction a pour provenance le moteur à pistons, où l'action d'un couple de forces sur un arbre entraîne une hélice. Il s'agit bien d'une mutation qui

---

1. *MEOT*, p. 47.

redistribue les fonctions sur une même structure et les rapproche l'une de l'autre : la combustion libère l'énergie chimique et la transforme en chaleur, la transformation de la chaleur en énergie cinétique accélère le volume d'air. Nous observons dans ce cas une condensation des fonctions. Mais il peut y avoir aussi une différenciation des fonctions, qui est interne au fonctionnement global et aux propriétés de l'appareil technique. De manière générale, tout le potentiel de forces et de formes disponibles dans le dispositif matériel est mobilisé et inclus dans le fonctionnement global, y compris les effets secondaires et les interactions qui provoquent pannes et pertes d'efficacité. Ce potentiel est une réserve d'individuation de l'objet technique, qui peut devenir plus cohérent avec lui-même, si ses propriétés entrent en résonance les unes avec les autres dans une nouvelle organisation, qui repose sur un gain d'information [1].

L'aspect plus ou moins boiteux ou forcé de la répartition de fonctions extérieures les unes aux autres est remplacé par une *convergence synergique* des fonctions : les nervures du cylindre préviennent sa déformation aux températures élevées de combustion sans rendre nécessaires des alliages plus épais et elles assurent en même le refroidissement grâce à une meilleure circulation de l'air. En fin de compte, l'invention suscite des progrès par *réorganisation*, *individuation* et *simplification* de l'objet technique.

L'intervention des connaissances scientifiques permet ainsi d'éviter de séparer l'objet technique de son ancrage dans la nature et dans le tissu de propriétés et d'interactions qui le relient au flux infini de la *physis*. Sa propre infinité interne est également mise en évidence. Dans la

---

1. Le lecteur peut consulter à ce sujet les indications de la troisième section du chapitre I.

Monadologie, Leibniz distingue lui aussi l'objet naturel
et l'objet artificiel, en avançant que le second est artificiel
par un nombre limité de ses parties et relations constitutives.
Car il a bien fallu emprunter le métal et le bois de la nature
pour fabriquer un moulin; l'engrenage s'ajoute à ces
propriétés comme un mécanisme spécifique de transmission
du mouvement. En revanche, l'objet naturel est infiniment
composé et artificiel, en chacune de ses parties et dans
toutes les parties de ses parties : « Ainsi chaque corps
organique d'un vivant est une espèce de machine divine,
ou d'un Automate naturel, qui surpasse infiniment tous les
automates artificiels. Parce qu'une machine, faite par l'art
de l'homme, n'est pas une machine dans chacune de ses
parties, par exemple la dent d'une roue de laiton a des
parties ou fragments, qui ne nous sont plus quelque chose
d'artificiel et n'ont plus rien qui marque de la machine par
rapport à l'usage où la roue était destinée. Mais les machines
de la nature, c'est-à-dire les corps vivants, sont encore des
machines dans leurs moindres parties jusqu'à l'infini. C'est
ce qui fait la différence entre la Nature et l'Art, c'est-à-dire
entre l'art divin et le nôtre [1] ». La nature est un *artifice
divin*, qui va à l'infini. C'est sa différence avec l'objet
artificiel, qui est artificiel dans la limite de certains rapports.
Or cette distinction est remise en cause, quelle que soit la
pertinence de la différence entre ce qui est spontané, ou
déjà là, et ce qui résulte du travail humain, à travers la
subversion et la transformation de la nature par la technique :
si la technique est artificielle en un sens étroit et péjoratif,
c'est dans la mesure où elle s'en tient à certaines propriétés
et relations, et qu'elle conçoit au fond abstraitement son
objet, comme un objet naturel appauvri, dont de nombreuses

1. Leibniz, *Monadologie*, article 64.

composantes sont soit occultées soit purement et simplement ignorées. En revanche, plus l'objet technique est élaboré, plus il redevient naturel, presque au sens de Leibniz !

Mais la science, en réinstallant l'objet technique dans la nature, commence par nier son unité factice, sa fausse individualité réduite à l'usage ; l'objet est alors entièrement investi par les potentiels inhérents à sa nature et au flux d'interactions, encore inconnues, avec son environnement. En réveillant la force immanente à l'objet technique, la connaissance scientifique révèle les nombreuses causalités qui agissent sur lui et rend possible sa concrétisation. Les champs de tension qui le parcourent peuvent servir de point d'appui à une synthèse des propriétés et des fonctions, de manière à maintenir, dans le fonctionnement de l'objet, les opérations transductives [1].

La transduction exprime la prise de forme d'une matière riche en potentiels, qui s'individue en une structure nouvelle sous l'effet d'une information : « L'objet technique n'est jamais complètement connu ; pour cette raison même, il n'est jamais non plus complètement concret, si ce n'est par une rencontre très rare du hasard. La distribution ultime des fonctions aux structures ne pourrait se faire que si la connaissance scientifique de tous les phénomènes susceptibles d'exister dans l'objet technique était complètement acquise ; comme ce n'est pas le cas, il subsiste une certaine différence entre le schème technique de l'objet (comportant la représentation d'une finalité humaine) et le tableau scientifique des phénomènes dont il est le siège (ne comportant que des schèmes de causalité efficiente, mutuelle ou récurrente) [2] ». L'objet technique court le risque inévitable d'être *incomplètement* naturel ;

1. Voir en note, *supra*, la définition de la transduction.
2. *MEOT*, p. 35-36.

sa concrétisation ne fait que le rapprocher de l'auto-corrélation propre à un être naturel et, plus encore, à celle du vivant, sujet et objet de sa propre organisation et de son autonomie. Rapport dynamique entre des causes multiples, tout à la fois modulantes et modulées, l'objet technique se dispose en résultat d'une individuation transductive, qui rend inutile le recours à une finalité commandée du dehors.

Si un objet technique est trop adapté à ses conditions humaines ou matérielles d'utilisation, le moindre changement affectant ces conditions peut mettre en question l'adaptation : l'*hypertélie* est en ce sens un défaut, même si elle va de pair avec une certaine sophistication dans l'usage. Un planeur de transport est à ce point marqué par la finalité qui lui est assignée (d'où son plus grand volume), qu'il perd une grande partie des caractéristiques d'un vrai planeur et qu'il a besoin d'être remorqué par un avion puissant, qui le largue pour qu'il rejoigne en planant le sol. Simondon mentionne également l'exemple de la généralisation du courant alternatif triphasé pour faire tourner de nombreux types de moteurs dans les usines. Mais ce type de courant est totalement inutilisable pour la traction des locomotives, qui s'accompagne de dispositifs de transformation de ce courant en courant continu. En effet, le moteur d'une locomotive doit fournir un maximum de puissance, non pas quand il est à sa vitesse de croisière mais au moment du démarrage, des accélérations et des décélérations ; une grande variation des régimes d'utilisation, en fonction du relief, des déclivités, du type de voies, de la vitesse du vent, conduit à ajuster sans cesse la transformation de l'énergie électrique en énergie mécanique. Il y a là comme deux mondes, celui de la machine, celui de l'environnement, mondes qui agissent l'un sur l'autre et conduisent à faire varier le régime du moteur. Des mécanismes intermédiaires entrent ainsi en jeu pour assurer une adaptation dont les termes ne sauraient être fixés une fois pour toutes. Une situation semblable se fait jour dans l'aviation, puisqu'un avion en vol de croisière doit continuellement contrôler sa vitesse par rapport au vent, car il ne doit voler ni trop vite (vibrations et usure), ni trop lentement (risque de décrochage). Aussi l'absence de milieu stable de référence conduit-elle à faire varier l'adaptation elle-même en fonction de « la mise en relation de deux milieux l'un et l'autre en évolution [1] ».

La concrétisation pose la question de l'invention. Le problème doit être *supposé résolu* puisqu'il concerne une adaptation non dépendante des conditions extérieures, en un mot, non hypertélique : la notion de milieu associé relève d'une adaptation *à venir*, qui se rapporte à un milieu *virtuel, non encore existant*, qui pourtant agit sur les conditions de sa réalisation. Comment rendre raison d'une telle circularité ? Cela revient à dire que l'adaptation véritable vise à inventer le milieu qui rend possible le fonctionnement de l'objet technique ; la réalité de ce milieu dépend de l'objet technique lui-même, qui le produirait par son fonctionnement, en étroite relation d'échange d'information et d'énergie avec l'environnement. Il faut donc concevoir le milieu associé comme un objet *mixte*, à l'intersection du milieu que l'objet technique est en lui-même et du milieu naturel. Tout se passe comme si l'objet technique *se conditionnait lui-même*, en tant qu'il est la condition d'existence de ce milieu mixte.

Nous avons mentionné l'exemple de la traction électrique et de la locomotive ; Gilbert Simondon, dans le chapitre II du *Mode d'existence*... (Evolution de la réalité

1. *MEOT*, p. 53.

technique; élément, individu, ensemble), mentionne un autre exemple, encore plus significatif : la turbine Guimbal. Cette turbine a été inventée par l'ingénieur Jean-Claude Guimbal, en 1953. Turbine turbo-génératrice, destinée à la production électrique, elle est immergée grâce à la taille réduite de la partie génératrice et d'une bonne étanchéité. L'imagination technique est ici à l'œuvre, parce que ce qui est en jeu, ce sont les modalités d'un refroidissement qui ouvrent la possibilité de réduire la taille de la génératrice. En supposant que la génératrice soit de taille plus réduite, celle-ci peut être placée au sein de la conduite forcée qui contient la turbine immergée à laquelle elle est directement rattachée : « Le mur du barrage contient ainsi dans la conduite forcée toute l'usine électrique, puisque seuls apparaissent au niveau du sol la guérite contenant le réservoir d'huile et les appareils de mesure. L'eau devient plurifonctionnelle : elle apporte l'énergie actionnant la turbine et la génératrice, et elle évacue la chaleur produite dans la génératrice; l'huile est aussi remarquablement fonctionnelle : elle lubrifie la génératrice, isole l'enroulement, et conduit la chaleur de l'enroulement au carter, où elle est évacuée par l'eau; enfin, elle s'oppose à l'entrée d'eau dans le carter à travers les presse-étoupes de l'axe, puisque la pression de l'huile dans le carter est supérieure à la pression de l'eau à l'extérieur du carter[1]. » C'est donc la situation nouvelle engendrée par la concrétisation qui rend possible la concrétisation.

On n'a pas affaire dans cet exemple à une adaptation au milieu *tel qu'il est* mais au milieu influencé et transformé, en un sens nouveau, par la concrétisation elle-même. L'adaptation implique la réalisation de ce milieu virtuel,

1. *MEOT*, p. 54.

qui suppose la transformation de la machine. Or le milieu adéquat est *irréel* au moment où l'inventeur le conçoit mais son idée imaginée permet de réaliser une configuration inédite de l'objet technique. Le possible révèle des ressources présentes dans les propriétés ainsi que les relations actuelles. Dans ces conditions, le fonctionnement de l'objet technique doit être imaginé et inventé à partir du milieu associé virtuel. L'être irréel du milieu associé, conçu pour surmonter les limitations et les incompatibilités de l'objet actuel, commande sa propre réalisation en remaniant les relations de l'objet technique avec son milieu et, ce faisant, l'organisation interne de l'objet technique.

La délimitation initiale de l'objet et de son environnement, les incompatibilités entre ses propriétés, se trouvent enveloppées puis transformées dans une relation d'échange et d'information au sein de l'être hybride, syncrétique, du milieu associé. On a bien affaire à la question déjà abordée de la *plurifonctionnalité* des éléments puisque c'est la manière de résoudre les problèmes d'étanchéité à l'eau et de disposer un isolement électrique qui rend possible l'introduction de la génératrice dans la conduite « en permettant un excellent refroidissement par le double intermédiaire de l'huile et de l'eau[1] ».

Peut-on parler d'une *totalisation* de l'objet technique et du milieu dans l'apparition de ce milieu associé ? Le conditionnant et le conditionné échangent leur rôle au cours de ce processus d'invention, qui est un saut vers le futur. La concrétisation décrit bel et bien une individuation de l'objet technique ; celui-ci modifie sa configuration en intégrant dans son propre être sa relation au milieu : c'est la définition du milieu *associé*. Simondon écrit qu'« on

1. *MEOT*, p. 54.

pourrait aller jusqu'à dire que l'introduction de la génératrice dans la conduite *se rend possible* elle-même en autorisant du même coup un énergique refroidissement par l'eau [1] ». Le processus de concrétisation est une restructuration des rapports internes et externes de l'objet technique, qui engendre concomitamment le milieu associé. Dans l'air, au contraire, la génératrice Guimbal, subit les inconvénients d'une taille réduite pour une puissance identique et risque d'être endommagée par la chaleur dégagée, tandis que dans son double bain concentrique d'eau et d'huile, son échauffement est minime.

Il y a par conséquent un milieu que l'on peut qualifier de milieu techno-géographique. La « récurrence de causalité » ne se joue pas seulement entre les éléments de l'objet. Car la transduction ne se limite pas à l'objet, avec l'apparition de structures plurifonctionnelles : la résonance interne se développe en une opération où l'objet et son « milieu associé » ne font plus qu'un. L'objet technique est de nature transindividuelle, peut-on dire, il suscite *la création qui le rendra lui-même possible* – et c'est dans ce saut que réside l'invention proprement dite : « Il ne s'agit pas en effet d'un progrès conçu comme marche dans un sens fixé à l'avance, ni d'une humanisation de la nature ; ce processus pourrait aussi bien apparaître comme une naturalisation de l'homme ; entre homme et nature se crée en effet un milieu techno-géographique, qui ne devient possible que par l'intelligence de l'homme : l'auto-conditionnement d'un schème par le résultat de son fonctionnement nécessite l'emploi d'une fonction inventive d'anticipation qui ne se trouve ni dans la nature ni dans les objets déjà constitués ; c'est une œuvre de vie de faire

1. *MEOT*, p. 55.

ainsi un saut par-dessus la réalité donnée et sa systématique actuelle vers de nouvelles formes qui ne se maintiennent que parce qu'elles existent toutes ensemble comme un système constitué [1] ». Au fond, c'est bel et bien l'organisme vivant, humain, qui peut servir de paradigme pour la compréhension de la machine – et non l'inverse.

LES EFFETS DU PROCESSUS TECHNIQUE SUR LA PRODUCTION

L'image du labeur artisanal anime une conception de la finalité, celle d'un travailleur confronté à la dureté de la matière ; le corps tendu à l'extrême, il doit faire usage de sa propre passivité d'objet matériel afin d'agir par l'inertie sur l'inertie, en faisant de son propre organisme un outil qu'il doit diriger. Il commande son propre corps comme un porteur d'outils. Mais la constitution d'un milieu associé met en œuvre un conditionnement des conditions extérieures par l'individu technique ; dans ce milieu mixte, l'être relationnel n'est pas surajouté parce qu'il est au cœur de l'objet technique : « Comme une voûte qui n'est stable que lorsqu'elle est achevée, cet objet remplissant une fonction de relation ne se maintient et n'est cohérent qu'après qu'il existe et parce qu'il existe ; il crée de lui-même son milieu associé et est réellement individualisé en lui [2] ».

Aussi l'individu technique s'apparente-t-il à un ensemble cohérent, à un système de relations transductives, attachant l'objet et son milieu, dans l'acte de totalisation dont l'individu est le résultat. Quel est par conséquent le statut

1. *MEOT*, p. 56.
2. *MEOT*, p. 56.

qu'il faut reconnaître à d'autres ensembles, des types d'ensemble en un sens large, empirique et conventionnel, que constituent une usine, un laboratoire de recherche, et aussi le dispositif que représente l'ordinateur d'un particulier, les différents serveurs, les lignes de télécommunication et les satellites ? Il est possible de mentionner divers exemples : une usine de production automobile dont les unités sont décloisonnées en équipes relativement autonomes, avec une activité assistée numériquement, ou encore la « toile » (Internet) elle-même. Doit-on considérer chacun de ces ensembles comme un véritable individu, ample et très composé, dont le réseau interconnecté représenterait le milieu associé, ou comme ensemble formé de plusieurs individus, dans la mesure où les échanges d'information et d'énergie entre les sous-ensembles exprimeraient un certain agencement global mais qui se verrait dépourvu de l'unité véritable, totalisante, que donnerait l'existence d'un milieu associé ? Une telle question revient à interroger le degré d'individualisation du rapport entre individus techniques distincts : intégration en un super-individu ou agencement indéfini d'interactions ?

Si l'on évoque l'exemple d'un laboratoire, ou du laboratoire d'audiométrie mentionné dans le *Mode d'existence*..., il est évident que malgré le couplage des oscillateurs et des amplificateurs permettant l'émission et l'analyse des sons, les interférences entre les appareils sont systématiquement évitées. Pas de rapport entre milieux associés, par d'émergence d'un milieu associé partagé, au cours du fonctionnement. Des systèmes de blindages séparent les fonctionnements, avec l'utilisation d'un pupitre réglant les connexions, muni de commandes distinctes, et qui tient lieu de l'unité d'ensemble. Malgré le réseau et les échanges, il n'y a pas d'auto-régulation : dans ce cas, l'intégration *par en haut* ainsi que l'interconnexion des individus techniques demeure la fonction privilégiée de l'agent humain, chef d'orchestre indispensable. Il appartient à ce dernier de normer et de faire exister le système en lui assurant une auto-régulation qui ne dépend pas des individus techniques.

Au-dessus et *en-dessous* des individus techniques, il convient de situer les ensembles techniques et les éléments techniques. Le caractère distinctif de *l'ensemble technique*, au niveau qui est le sien, est « qu'il évite la concrétisation intérieure des objets techniques qu'il contient, et n'utilise que les résultats de leur fonctionnement, sans autoriser l'interaction des conditionnements [1] ». À l'inverse, les *éléments*, qu'il s'agisse d'une vis ou d'un boulon, d'une diode ou d'un condensateur, constituent des composants d'un individu technique. En tant que tels, ils ne possèdent d'autre pouvoir d'auto-régulation que celui qu'ils reçoivent à l'intérieur d'un système individuel et concret.

Élément, individu, ensemble, cette distinction de strates au cœur de la réalité technique implique des rythmes d'évolution distincts ainsi que des emboîtements non linéaires. De telles transformations ne sont pas sans conséquences sur les rapports entre l'industrie, le travail et les transformations techniques. Le processus technique a une certaine autonomie ; il donne son impulsion à l'histoire de la production matérielle. Si les éléments techniques entrent dans la réalisation d'un nouvel individu technique, ces mêmes éléments commencent par émerger au sein d'un ensemble technique déjà existant, lui-même constitué d'un réseau ou d'un agencement d'individus techniques apparus grâce aux éléments fournis par un ensemble antérieur. Puis,

1. *MEOT*, p. 64.

une série à peu près contemporaine d'individus techniques se distribue en un nouvel ensemble. Ce dernier va produire indirectement de nouveaux éléments techniques, lesquels vont entrer dans de nouveaux systèmes individuels. L'herminette en est un bon exemple. Celle-ci ne se réduit pas à sa forme bien taillée et façonnée ; il lui faut aussi présenter une courbure lui permettant d'attaquer le bois tout en conservant son affûtage si le bois est très dur. Car il ne suffit pas de donner une forme à un métal dont les propriétés générales sont jugées convenables. Tout dépend en réalité de la manière dont le métal a été produit et préparé : le bloc de métal doit être forgé, de telle sorte que ses chaînes moléculaires présentent une orientation variable. Et l'acier du tranchant doit présenter une qualité supérieure, alliant résistance et épaisseur réduite. En d'autres termes, l'outil ne saurait être composé d'une forme s'appliquant à une matière mais d'une variété d'informations faisant apparaître sur le métal des propriétés différenciées : « Il (l'outil) est fait d'éléments techniques élaborés selon un certain schème de fonctionnement et assemblés en structure stable par l'opération de fabrication. L'outil recueille en lui le résultat du fonctionnement d'un ensemble technique. Pour faire une bonne herminette, il faut l'ensemble technique de la fonderie, de la forge, de la trempe [1] ».

Deux conclusions s'imposent : un élément, puis un objet technique, dépendent des qualités à un moment donné de tout l'ensemble technique ; de plus, le critère de *technicité* mesure un premier niveau de concrétisation, étant donné que l'hétérogénéité, par exemple, de la trempe d'une pièce en métal, va plus loin que le simple rapport entre la matière et la forme. Car les éléments simples ne sauraient être

1. *MEOT*, p. 72.

appréciés du point de vue du rapport en extériorité de la forme et de la matière : un ressort, mécanisme simple entrant dans divers types d'objets, doit être évalué techniquement relativement à son processus de fabrication, qui engage un ensemble technique et des procédés variés : « Or, les ensembles techniques capables de produire certains éléments simples comme un ressort ou un transformateur sont parfois extrêmement vastes et complexes, presque coextensifs à toutes les ramifications de plusieurs industries mondiales. Il ne serait pas exagéré de dire que la qualité d'une simple aiguille exprime le degré de perfection de l'industrie d'une nation [1] ».

L'IMAGINATION TECHNIQUE
ET LA PUISSANCE DU VIRTUEL : VIE OU SUBJECTIVITÉ ?

L'individualisation de l'objet technique détermine son organisation interne et son ajustement aux conditions extérieures de fonctionnement ; elle implique le milieu associé, qui règle l'intégration d'une partie des éléments naturels environnants dans le régime d'existence de de l'objet technique. Si les limites de l'objet technique semblent fluctuantes, c'est parce qu'elles existent comme des relations d'échange [2]. Une causalité *récurrente* régit le fonctionnement

1. *MEOT*, p. 72.
2. *MEOT*, p. 57 : « Tel est l'ensemble constitué par l'huile et l'eau en mouvement dans la turbine Guimbal et autour d'elle. Cet ensemble est concrétisé et individualisé par les échanges thermiques récurrents qui ont lieu en lui : plus la turbine tourne vite, plus la génératrice dégage de chaleur par effet Joule et pertes magnétiques ; mais plus la turbine tourne vite, plus la turbulence de l'huile autour du rotor et de l'eau autour du carter s'accroît, activant les échanges thermiques entre le rotor et l'eau. C'est ce milieu associé qui est la condition d'existence de l'objet technique inventé ».

de l'objet technique : l'action de celui-ci sur son milieu induit une modification de ce même milieu ; l'action du milieu ainsi transformé – lequel devient médiation en acte entre le milieu naturel et l'objet « artificiel » qui lui a été adjoint –, réagit sur le fonctionnement de l'objet technique, qui se trouve ainsi maintenu. Il apparaît clairement que le milieu associé relève de l'*invention*, étant entendu qu'une telle reconfiguration n'est pas une juxtaposition successive d'éléments – qui aurait pour cause des interactions mécaniques –, ni la réalisation d'un plan régissant la coordination *partes extra partes* des éléments de l'objet technique et des composants du milieu extérieur, mais une véritable totalisation, comme si l'objet technique et son milieu associé se transformaient l'un et l'autre, l'un par l'autre, pour s'unifier en faisant surgir une nouvelle réalité.

Deux idées-forces méritent d'être soulignées : (1) l'originalité des objets techniques réside dans le fait qu'ils agissent sur leurs conditions de fonctionnement, (2) *l'invention est un acte de l'imagination*, en l'occurrence une causalité de l'être virtuel sur le présent. L'invention enjambe et dépasse le donné et ses contraintes ; elle se rapporte à l'individu et au milieu actuels du point de vue du *problème résolu*, c'est-à-dire d'un changement radical de la donne et de l'apparition d'une forme irréductible à la réalité présente, laquelle a besoin de se restructurer. Le changement est, par conséquent, le résultat d'une nouvelle individuation de l'objet. Il faut donc supposer que, tout au long de sa genèse et de son évolution, l'être en général et celui de l'objet technique en particulier, contiennent en eux une réserve de puissance d'individuation, ou encore un excès de la réalité actuelle par rapport à elle-même, un excès capable de l'emporter vers de nouvelles formes d'auto-corrélation.

Le processus se déroule (1) de la réalité actuelle, définie par certaines propriétés, relations et contraintes, à sa propre reconfiguration virtuelle, qui l'inclut, ainsi que son milieu d'existence, dans une nouvelle individualité ; (2) de l'avenir au présent, puisque la totalité virtuelle apparaît sur le mode d'un irréel, ou d'une information *qui crée en quelque sorte ce qui est*, en faisant advenir l'actualité d'autres phénomènes. Tout se passe comme si l'être, en son fond, est déterminé et mis en rapport avec lui-même par une forme qui le nie.

Or il est incontestable que la phénoménologie effectue des analyses semblables : la personne que je recherche dans une foule surgit sur fond de la multiplicité mise à distance de la foule anonyme, qui devient ainsi le relief à partir duquel s'esquisse ou non l'unité synthétique de la personne que vise ma perception. De même, un cercle coloré se profile sur un fond. La détermination synthétique d'un tout est-elle le privilège de la forme ? Délaissant une explication par la psychologie de la forme, Simondon s'écarte de l'a priori de la totalité et met en question la synthèse du multiple par la forme, qu'il juge préfabriquée.

Car il lui semble préférable de relier le pouvoir de l'imagination à la vie elle-même, puisque le propre du vivant est d'être un processus continué d'individuation, embrassant des structurations de plus en plus composées et amples ; l'individu porte en lui et réinvente son milieu associé dans l'invention continuée de sa vie. Par conséquent, ce n'est pas à la forme seule qu'il appartient de porter la totalisation : *la force de la forme* rejoint *la force de la matière elle-même*, ou encore sa métastabilité créatrice, dans la mesure où ce sont les différences de potentiels, les tensions qu'elle contient, qui ouvrent un champ à des structurations nouvelles (voir troisième section du chapitre précédent). Les formes participent au dynamisme du fond, au système de forces qui explique la virtualité, c'est-à-dire la réactivité de l'avenir sur l'actuel. Car le fond, il convient de la rappeler, est la puissance naturante du vivant, puissance d'individuations nouvelles qui est à l'origine de l'apparition des formes. C'est cette puissance constituante qui se retrouve dans le jeu des restructurations, à travers le milieu associé, des formes de l'objet technique, en liaison avec les propriétés du milieu naturel. L'influence du milieu est filtrée, ou plutôt sélectionnée, comme une information qui est en mesure de réorganiser les structures de l'objet technique, dans la perspective d'une meilleure intégration dans cet objet de ses relations avec le monde ambiant : c'est le sens de la réalité *hybride*, en même temps que dynamique, du milieu associé.

Il est évident que l'on ne saurait s'en tenir aux rapports de la forme et de la matière pour penser l'invention technique. La question principale renvoie dans ces conditions à la puissance constitutive, qui s'épanche du dynamisme de la vie et de la nature vers le complément d'individuation des êtres humains dans des rapports transindividuels qu'induit l'activité technique. Ces rapports font ainsi leur apparition, au croisement de l'activité humaine et de la nature : ils refondent cette activité en même temps que la vie des individus, en raison de la consistance et de la cohérence du monde technique ainsi ouvert, lequel appartient de part en part au monde de la culture. Il est possible d'approfondir et de prolonger la réflexion, tout en infléchissant l'analyse de l'imagination, de la vie vers l'*existence*, en montrant que l'individuation, analysée à travers l'activité technique et l'invention, peut être rattachée aux structures ontologiques de l'existence et de la *subjectivité*.

Le premier chapitre [1] *Être et faire : la liberté*, dans la quatrième partie de *l'Être et le Néant*, met en place une thèse essentielle : pour la réalité humaine, *être se réduit à faire*. L'existence subjective s'annonce dans le monde comme ce qu'elle se fait être, et le monde lui apparaît comme ce qu'elle est [2]. En effet, l'existence subjective ne peut se saisir *thétiquement* que dans les objets transcendants, qui lui apparaissent dans le monde. Il n'y a donc aucune séparation entre l'individu et le monde, dans la mesure où le *circuit de l'ipséité* est un rapport à soi qui embrasse l'individu *et* le monde : ce circuit fait surgir au sein du monde de nouveaux rapports et de nouveaux phénomènes, parce que la subjectivité se dépasse vers ses propres possibles, vers d'autres présences au monde et à ses phénomènes. L'individu, agent de sa propre individuation, fait apparaître, à partir de son ancrage dans la facticité – il est ce corps, il est né à cette date, il vit en ce lieu, il éprouve tels besoins et désirs, il dispose de tels instruments, outils, habitudes d'agir –, une séquence d'événements et de phénomènes *du* monde. Le réel, éclairé par une fin qui *n'est pas*, resserre la perspective des possibles selon *tel* point de vue ; le donné devient ainsi *situation*, en étant dépassé par une réalité humaine, laquelle est *là* en même temps qu'elle est *par-delà son être-là*.

De ce point de vue, le corps comme ancrage de la transcendance, devient le principe d'existence de l'objet technique, puisque celui-ci simule l'organisme. En effet, pour rendre compte des agencements techniques, le schème

1. J.-P. Sartre, *L'Être et le Néant* (désormais *EN*), Paris, Tel-Gallimard, 2007, 4ᵉ part., chap. I, p. 477-601.
2. *EN*, p. 519.

de l'individu organique est requis, que ce soit comme principe de totalisation ou comme modèle d'une unité finale du multiple, qui se constitue mécaniquement. Nous pouvons ainsi déceler la provenance de la réalité *syncrétique* de l'objet technique : l'outil ou la machine, figurent, au sein du monde, un secteur de réalité mélangée et hybride, qui est marqué par l'ambiguïté de la machine. D'une part, en effet, la machine s'apparente à un organisme dégradé par l'inertie ; d'autre part, elle est une imitation mécanique de l'auto-différenciation du vivant.

« La Nature a lieu ; on n'y ajoutera rien », dit Mallarmé. Mais l'ingénieur et le technicien produisent des *modifications* de l'être en agissant sur l'extériorité en fonction des lois mêmes de l'inertie. Comment la technique est-elle *créatrice* ? Faut-il opposer l'absolument neuf à une *création de ce qui est*, en laissant advenir de nouvelles individuations, ou souligner leur étroite complémentarité ? Le pont fabriqué par l'ingénieur n'ajoute rien à l'être mais le recompose d'une certaine manière, selon une idéalité qui *n'est pas*, qui est imaginée et posée comme non existante et comme négation du donné, selon un certain point de vue. Il appartient par conséquent à la technique de faire exister une telle possibilité, en niant et en recomposant le donné, pour faire advenir dans le monde des virtualités qui, sans l'activité technique, resteraient latentes au sein de la nature.

Dans une conférence prononcée au Japon en 1964, Sartre définit ainsi l'entreprise de l'intellectuel en tant que ce dernier est aussi un spécialiste de *l'universel pratique* : « Toute praxis comporte plusieurs moments. L'action nie partiellement ce qui *est* (le champ pratique se donne comme situation à *changer*) au profit de ce qui *n'est pas* (fin à atteindre, redistribution des données premières de la situation pour, en dernière analyse, reproduire la vie). Mais cette négation est dévoilement et s'accompagne d'une affirmation puisqu'on réalise *ce qui n'est pas avec ce qui est*. La saisie qui dévoile ce qui est à partir de ce qui n'est pas doit être aussi précise que possible puisqu'elle doit trouver dans ce qui est donné le moyen le moyen de réaliser ce qui n'est pas encore (la résistance à exiger d'un matériau se dévoile en fonction de la pression qu'il doit subir). Ainsi la *praxis* comporte le moment du savoir pratique qui révèle, dépasse, conserve et déjà modifie la réalité. A ce niveau se placent la recherche et la vérité pratique, définie comme saisie de l'être en tant qu'il renferme la possibilité de son propre changement orienté. La vérité vient à l'être à partir du non-être, au présent à partir de l'avenir pratique. De ce point de vue, l'entreprise *réalisée* est la vérification des possibilités découvertes (si je passe sur le pont de fortune de l'autre côté de la rivière, le matériau élu et rassemblé offre bien la résistance prévue). De ce fait, le savoir pratique est invention *d'abord*. Pour être découvertes, utilisées et vérifiées, il faut que les possibilités soient d'abord *inventées*. En ce sens, tout homme est *projet : créateur*, puisqu'il invente ce qui *est déjà*, à partir de ce qui n'est pas encore, *savant*, puisqu'il ne réussira pas sans déterminer avec certitude les possibilités qui permettent de mener à bien l'entreprise, *chercheur* et *contestataire* (puisque la fin posée indique schématiquement ses moyens, dans la mesure où elle est elle-même abstraite, il doit chercher les moyens concrets, ce qui revient à préciser par eux la fin et l'enrichir parfois en la déviant. Cela signifie qu'il met en question la fin par les moyens et réciproquement jusqu'à ce que la fin devienne l'unité intégrante des moyens utilisés) [1] ».

1. J.-P. Sartre, *Situations philosophiques*, Paris, Tel-Gallimard, 1990, p. 222-223.

L'intention, en éclairant le monde, définit sur fond du donné *nié* une fin qui, elle, n'est pas, c'est-à-dire un état du monde *ayant à être réalisé*; elle fait par cela même retour sur la facticité, qui se trouve ainsi transformée en *situation* : il s'agit de disposer un agencement des choses, en fonction d'un certain état à venir du monde, à travers une réorganisation des rapports que l'imagination révèle, entre les existants comme entre les ustensiles déployés en réseau les unes par rapport aux autres. *Néantisation* et recul par rapport au donné accompagnent la constitution de la *situation* comme éclairement du donné par une fin : la subjectivité intentionnelle s'extrait par l'imagination du réel et détermine le donné en liaison avec l'être possible dont il manque. Il y a là une étroite corrélation entre la structure ontologique de l'existence, c'est-à-dire son pouvoir-être, et le pouvoir d'invention de l'imagination technique.

L'individu est principe d'unification de son propre être possible et du monde, le monde apparaissant comme l'expression mouvante du procès d'individuation. Celui-ci produit en un seul mouvement la structuration de la subjectivité et la disposition articulée du tissu des choses et des séquences d'événements au sein du monde. Nous pouvons en conclure que *l'être en situation* désigne le milieu partagé par l'existence subjective et par le monde. En effet, la situation est le point d'appui de ce qui apparaît, selon l'angle de l'activité technique, comme le milieu associé. *A l'envers et à l'endroit*, facticité de la liberté et dépassement par la liberté du réel, l'objet technique est tout entier subjectif, parce qu'il manifeste la *transcendance intentionnelle*, et tout entier chose, comme un complexe objectif d'individus techniques, qui sont ordonnés et orientés de manière signifiante.

CHAPITRE III

LA TECHNIQUE ET LE TRAVAIL

Une mauvaise réputation, on peut même parler d'une malédiction, semble peser sur la technique. Il s'agit du « machinisme », personnification d'un véritable monstre social : ce mot désigne le pouvoir des machines sur l'homme au travail, plus précisément sur l'ouvrier aliéné, dans le monde industriel du capitalisme en expansion. Il faut cependant se demander si le machinisme relève de la technique ou de la division sociale du travail.

LE « MACHINISME »,
OU LA MACHINE SOCIALE D'EXPLOITATION

L'apparition, au tournant du XVIIIe et du XIXe siècle, d'une analyse abstraite du travail, qui éloigne de la besogne ou du labeur de l'artisan – ce dernier est confronté à un besoin à satisfaire et à une matière à modifier pour faire advenir l'objet à produire –, a conduit à une « mécanisation » de l'acte de travailler, sans qu'il soit immédiatement nécessaire de recourir à des machines. Adam Smith décrit, en effet, la décomposition de l'acte de fabriquer une épingle en une série d'opérations séparées les unes des autres, et donnant lieu à des gestes distincts, susceptibles d'être formalisés, avant d'être répartis sur des agents différents qui vont réaliser, chacun d'entre eux, une seule opération, de manière répétée. Ces derniers doivent néanmoins être rassemblés en un même lieu (la manufacture) et coordonnés par une régulation d'ensemble, afin que leurs activités ainsi schématisées puissent réaliser le produit complet, par additions successives de leurs opérations.

La *division du travail* présente évidemment un sens technique et un sens social, qu'il ne faut pas confondre. Nous pouvons cependant relever que l'agencement proprement technique des « opérations » de production, peut être rendu plus efficace dans la mesure où les gestes sont séparés les uns des autres et rigoureusement ajustés ; il en résulte une plus grande productivité, c'est-à-dire la mise en circulation d'un grand nombre de marchandises produites. Ce schéma est pourtant l'image même d'un dispositif qui manque de concrétisation. En effet, avec la séparation, la simplification et la coordination des fonctions les unes aux autres, que devient la permutation des structures et des fonctions et comment retrouver *l'auto-corrélation* propre à un être technique ?

En réalité, c'est d'abord et surtout le fonctionnement entier de la manufacture qui s'apparente à une forme de machine, même sans la présence de machines au sens strict. La « machine sociale » désigne un système de pouvoir mais il s'agit, dans ce cas, d'une machine en un sens métaphorique, relativement à l'acception technique du terme. Le *travail* désigne alors l'activité socialisée de production des biens correspondant à la satisfaction des besoins et à la reproduction de la vie, par la médiation des outils et de la coopération. Le travail définit, par conséquent, un certain style de l'activité productrice, une praxis de sauvegarde de l'organisme qui transforme le monde environnant, mais ce travail existe sous certaines conditions, économiques, sociales et politiques, dont il est inséparable.

Le travail est d'abord un *rapport* social de production, où peuvent intervenir des rapports de domination et d'inégalité entre les hommes. Le rapport de production détermine les modalités techniques du travail, son organisation, ses outils, ses moyens et sa logique ; il mobilise évidemment l'activité technique, qui constitue un rapport des individus avec le monde, par la médiation des outils, des machines et des *individus techniques*. Or la médiation technique peut reconfigurer l'origine, l'objet et les moyens de l'acte de produire, en modifiant le rôle et la place de l'homme dans une activité matérielle qui se rend de plus adéquate et autonome, en s'affectant de *technicité*. Il faut donc éviter de confondre la *dimension technique du travail*, lui-même rapport social de production, avec *l'activité technique* comme manière d'être au monde et d'agir, qui présente une intelligence et un devenir qui lui sont propres.

De fait, le travail comme rapport social se réalise, dans un second temps – qui est celui de l'approfondissement de la révolution industrielle –, en liaison étroite avec le principe capitaliste d'optimisation des ressources et de recherche intensive du profit. C'est la raison pour laquelle la production utilise les machines pour réaliser principalement ce que Marx appelle la *plus-value relative*, ou processus de formation d'une *survaleur* relative. Il convient de rappeler d'abord le processus de formation de la *survaleur absolue*, domination directe des travailleurs, qui consiste à augmenter la durée du travail, afin que la force de travail que met en usage la production contribue à produire un excédent de richesse par rapport au coût d'entretien et de survie de l'ouvrier ; le capital, c'est, selon Marx, du travail et de la valeur d'échange extorqués, qui nourrissent l'accumulation. Il faut toutefois souligner que le procès de production de la survaleur *relative* s'ajoute voire se substitue à la survaleur absolue; la domination s'exerce en faisant baisser le coût de la force du travail, ce qui implique d'intensifier la productivité du travail : dans un temps donné, il devient souhaitable de produire davantage de marchandises, c'est-à-dire de réduire le prix de ces mêmes marchandises, en réduisant l'équivalent de travail incorporé à leur valeur d'échange. Un tel processus s'accompagne d'une diminution du prix de la force de travail de l'ouvrier, c'est-à-dire de sa subsistance et de son entretien.

La proportion de valeur investie dans les salaires tend alors à diminuer, entraînant le fait qu'une plus grande part de la valeur-travail investie dans les marchandises est directement transférée au profit du capital : le capital s'accumule et se nourrit de lui-même en s'appropriant la valeur d'échange correspondant à du travail non payé, c'est-à-dire *exproprié*. En rendant possible une exploitation plus efficace de la force de travail, les machines font baisser le coût du travailleur par rapport à la multiplication des richesses que produit son travail effectif et cela signifie tout simplement qu'elles accroissent la part de la valeur expropriée par rapport à celle qui rémunère, par le salaire, la reproduction de la force de travail.

La force de travail, dès qu'elle est séparée du travail vivant, qui est l'expression d'une individualité qualitative et singulière, est une ressource *quantifiable* dont la mise en valeur – comme on exploite une mine ou un champ – crée davantage de richesse qu'il n'en coûte pour produire et reproduire cette même ressource. Ce phénomène est accentué par l'ingéniosité des machines et de leur fonctionnement : elles condensent matériellement des opérations et rendent ainsi plus « intense » la mise en valeur du travail. Au fur et à mesure du développement des machines, l'intelligence de l'activité humaine se fixe sur la démultiplication technique du travail vivant. La technique joue assurément un rôle de médiation essentiel entre le monde et le monde, au point de rendre celui-ci indépendant de ses limites humaines et, par conséquent, plus efficace en termes de productivité. Le destin du travail vivant est qu'il devient de moins en moins indispensable comme expression de la praxis des individus, puisque l'on peut produire mécaniquement davantage avec moins d'efforts humains. Il apparaît donc que la technique joue un rôle majeur, étant donné que la conception et la production des machines dépendent d'elle, mais il est évident qu'elle est, ce faisant, sollicitée puis asservie à une logique et à des fins qui ne relèvent d'elle que partiellement.

En un mot, le mécanisme prêté aux machines du machinisme est-il réellement d'ordre technique ? La souffrance liée au travail, dans les conditions sociales du « machinisme » ainsi que la suspicion portée sur la technique et ses artifices, sont-elles provoquées par la technique elle-même ou doivent-elles être attribuées au reflet de la division du travail sur la technique ? Si la technique se trouve dominée par des normes sociales et politiques qui s'imposent à elle, est-il pertinent de la considérer comme la cause majeure de l'aliénation contenue dans le rapport *social* de travail ? En réalité, la technique est ni un épiphénomène du travail ni un moyen neutre en lui-même : elle a sa puissance propre et sa normativité et il convient reformuler le problème du rapport entre la technique et le travail.

Dans la mesure où l'activité technique est mobilisée par le « travail », dans certaines conditions sociales et politiques, peut-elle agir en retour sur le travail et ses formes dominées ? En particulier, l'enjeu, pour le capital, d'une technicité toujours plus grande de la production est-il sans conséquence sur *la loi de la valeur*, c'est-à-dire sur l'*exploitation* du travail humain, qui est au cœur de l'économie politique du capitalisme ? Nous allons tenter d'envisager si, dans les conditions, en parties produites par le capital et par le machinisme, un certain affranchissement de la force productive (par rapport aux rapports sociaux de domination) est concevable, avec l'affirmation générique et normative de l'activité technique, comme expression majeure de l'*autoproduction* de l'humain, c'est-à-dire de la praxis.

LA MACHINE-OUTIL COMME DESTINATION DE LA TECHNIQUE, DANS LE MONDE DU TRAVAIL

Dans le chapitre XV du livre premier du *Capital*, 4ᵉ section [1], Marx établit une relation de subordination entre la technique et les formes sociales du rapport de travail. Ce sont, à ses yeux, les conditions de la production qui précipitent le passage de l'outil à la machine : l'origine des mutations de la technique est donc, selon lui, extérieure à la technique. De même, Marx aborde la conception de la machine et de son fonctionnement sous l'angle privilégié de la *répétition automatique* : la machine imite les gestes humains utilisant des outils, puis elle en fractionne les opérations de telle sorte qu'une combinaison de mouvements

1. K. Marx, *Le Capital*, livre I, Paris, GF-Flammarion, 1969.

mécaniques puisse être substituée à la spontanéité, à l'imagination et au jugement des agents. Bien sûr, la mécanisation peut encore avoir besoin d'un moteur humain ; ce n'est que dans un second temps que les outils, organes d'exécution de la machine-outil, peuvent, être mis en mouvement par un moteur artificiel, par exemple, une machine à vapeur. Mais ce qui compte, c'est l'automatisme de l'exécution, avec la répétition de plus en plus rapide, voire effrénée, de mouvements simples qui simulent les gestes humains et les remplacent. Il s'ensuit deux conséquences : la première est que la productivité du travail en un temps donné est décuplée, ce qui permet de produire un plus grand nombre de marchandises tout en en faisant baisser le coût ; la seconde, que l'effort humain fourni, ainsi que la part de valeur travail soutirée aux individus – dont il devient possible de réduire le nombre – se trouvent accrus.

Intensification du travail : les machines arriment leurs agents à un rythme effréné d'exécution, ce qui amène chaque ouvrier à fournir plus d'efforts dans un temps plus court. Les hommes, en nombre réduit par la mécanisation du travail, sont sommés de travailler plus et de transférer davantage de valeur-travail, au-delà du travail qui est nécessaire pour assurer la satisfaction de leurs besoins et la conservation de leurs vies ; ils sont *requis* par la machine comme s'ils formaient ses propres appendices, auxquels elle inflige son rythme, quant aux actions de commande des opérations, de transmission de l'information nécessaire à leur bon déroulement, de surveillance, d'entretien et de réparation. Mais la vision des machines par Marx, outre le fait qu'elle est située historiquement, ne marque-t-elle pas un certain blocage de l'analyse, tant à l'égard de l'évolution technique et de sa dynamique autonome, qu'à l'égard de l'activité pratique des hommes, laquelle contient l'agir technique et le travail socialisé?

Marx dit explicitement que l'histoire sociale de la production matérielle est constitutive de la technique et de ses transformations, que c'est elle qui définit la signification de la Révolution industrielle, ses conditions et ses lieux propres : « La force de travail dans la manufacture et le moyen de travail dans la production mécanique constituent les points de départ de la révolution industrielle [1] ». Les manufactures sont des ateliers qui regroupent tantôt divers artisans participant à la production d'un même objet en se répartissant les tâches, tantôt des artisans qui réalisent, chacun d'entre eux, la totalité des gestes de production d'un produit fini. Dans les deux cas, le point d'appui est la force de travail, dont il convient d'augmenter l'efficience par une décomposition des gestes en opérations puis par la combinaison mécanique de ces opérations. Telle est la première « machine » qui s'accompagne d'un progrès vers la machine-outil.

Marx procède d'entrée de jeu à une analyse, non pas de la machine au sens strict, c'est-à-dire comme objet technique, mais du « mécanisme développé » qui lui apparaît comme l'essence de la machine. Il distingue dans ce mécanisme trois parties [2] : (1) le *moteur* fournit l'impulsion à l'ensemble en engendrant sa propre force de mouvement (l'énergie cinétique de la vapeur dans la machine du même nom, l'effet mécanique de l'induction électro-magnétique), ou bien en exploitant le potentiel

1. K. Marx, *Le Capital*, livre I, 4ᵉ section, chap. 15, (1) *Développement des machines et de la production mécanique*, p. 271 ; *Œuvres*, « Bibliothèque de la Pléiade », t. 1, p. 913-967.

2. *Le Capital*, p. 272.

d'une source extérieure (énergie de l'eau pour la roue hydraulique, force musculaire des animaux ou des hommes); (2) la *transmission* consiste en un système de rouages, de ressorts et de balanciers, qui organisent puis distribuent le mouvement mécanique vers les organes d'exécution de la machine (assurer par exemple la rotation du foret dans une perceuse électrique); (3) la *machine d'opération*, qui est un outil ou plutôt un agencement d'outils qui sont censés réaliser automatiquement – c'est-à-dire sans avoir besoin d'un faire humain, par la force du seul mouvement mécanique [1] –, des gestes comme le filage ou le tissage, ou encore le modelage d'une plaque de tôle pour lui donner la forme d'une portière de voiture.

Dans la description formelle que nous livrent ces pages de Marx, le paradigme du *mécanisme* prévaut sur le schéma technique de la machine. En effet, le « mécanisme développé » esquisse la machine comme un atelier de taille réduite, avec une coordination *partes extra partes* des gestes, quoique selon un rythme plus rapide ! La transmission est extérieure à ses parties et il n'est guère envisagé de variations de cette transmission, dans une liaison plus synergique des fonctions. Au fond, la machine est un raccourci emblématique de la division du travail. Si l'on met de côté la différence de vitesse dans l'effectuation des opérations, le rapport entre l'outil et la matière sur laquelle il s'applique reste inchangé par rapport au geste de l'artisan maniant ses outils : le seul changement réside dans le fait que l'outil est manié par un mouvement mécanique impersonnel tandis que les individus vivants sont pris dans

1. *Le Capital*, p. 273 : « Le nombre d'outils qu'une même machine d'opération met en jeu simultanément est donc de prime abord émancipé de la limite organique que ne pouvait dépasser l'outil manuel ».

un chassé-croisé qui les invite impérieusement à imiter, comme des automates, le mécanisme qui simule leur activité propre.

La machine tout entière se confond, par conséquent, avec le mouvement mécanique, que la source d'énergie soit l'homme ou la machine à vapeur. Cela revient à dire que la transformation des moteurs présentera des effets « cyclopéens » d'augmentation de la vitesse comme de la centralisation (plusieurs machines-outils pouvant être alimentées en force mécanique par le même moteur). Dans ces analyses de Marx, il n'est guère envisagé que l'autonomie énergétique de la machine puisse modifier les modalités de son fonctionnement. De même, aucune remarque sur la possibilité de synergies entre le moteur, la structure de l'outil et sa fonction, ces trois éléments pouvant varier dans leurs formes comme dans leurs relations.

Il nous appartient d'interroger les présupposés de l'analyse effectuée par Marx : la machine est-elle close sur elle-même, enfermée dans un fonctionnement qui lui est prescrit par la division du travail, ou bien est-il possible qu'elle dispose, en raison de son autonomie énergétique, d'un rapport variable avec l'environnement dans lequel elle s'insère ainsi que d'une certaine forme d'auto-régulation ? Le programme de la machine peut, en effet, contenir une information qui lui permet de mesurer et de tester les sollicitations du monde extérieur, puis de répondre en modulant son fonctionnement. Celui-ci ne peut être assigné à une pure répétition mécanique.

La machine-outil, emblème de la division du travail, est décidément un destin pour l'être technique. Le complexe *charbon et acier*, les grandes usines de transformation, ainsi que le développement du train et de la navigation à vapeur, réalisent de plus en plus la volonté de puissance du capital ; dans ce contexte, le machinisme manifeste la démesure (*hubris*) qui s'empare de l'extraction de survaleur. Tout se déroule comme si l'importation du schème du mécanisme à partir des rapports de pouvoir – impersonnels, inertes, structurés dans la matérialité construite des dispositifs d'échange, d'organisation et de répression –, l'emporte, dans les thèses fondamentales que développe Marx, sur la technicité, qui diffère de ce genre de « mécanisme ».

Marx souligne fortement l'étroite liaison entre le travail en régime de *fabrique* capitaliste et la spécificité de la machine-outil : « Les deux premières parties du mécanisme n'existent, en effet, que pour communiquer à cette dernière le mouvement qui lui fait attaquer l'objet de travail et en modifier la forme. C'est la machine-outil qui inaugure au XVIII e siècle la révolution industrielle ; elle sert encore de point de départ toutes les fois qu'il s'agit de transformer le métier ou la manufacture en exploitation mécanique [1] ».

Le mécanisme de la division du travail est comme redoublé dans la substitution du dispositif mécanique au geste humain : « La machine-outil est donc un mécanisme qui, ayant reçu le mouvement convenable, exécute avec ses instruments les mêmes opérations que le travailleur exécutait auparavant avec des instruments pareils. Dès que l'instrument, sorti de la main de l'homme, est manié par un mécanisme, la machine-outil a pris la place du simple outil [2] ». La machine-outil est assurément une invention *sociale* beaucoup plus que technique : même l'adjonction de la machine à vapeur aux machines-outils suppose le préalable social de la demande capitaliste d'un

---

1. *Le Capital*, p. 272.
2. *Le Capital*, p. 272-273.

perfectionnement de ces mêmes machines. Marx perçoit la machine comme formant une médiation entre le développement du capital et les ressources de la technique.

Marx ajoute que la vapeur a pu être utilisée dans des dispositifs précis et localisés, comme le pompage des mines ou certains métiers à tisser, mais cet usage techniquement astucieux n'explique pas la généralisation du moteur à vapeur. Il faut au préalable que la vapeur soit elle-même *révolutionnée* par la révolution industrielle, de telle sorte qu'elle étende après coup son application : « Ce fut au contraire la création des machines-outils qui rendit nécessaire la machine à vapeur révolutionnée. Dès que l'homme, au lieu d'agir avec l'outil sur l'objet de travail, n'agit plus que comme moteur d'une machine-outil, l'eau, le vent, la vapeur peuvent le remplacer, et le déguisement de la force motrice sous des muscles humains devient purement accidentel [1] ». Par conséquent, Marx affirme que, si toutes les machines-outils peuvent recevoir un moteur à la vapeur, c'est d'abord parce que ces mêmes machines sont issues d'une mécanisation du rapport social de travail.

CAPITAL FIXE ET AUTOMATISATION

Marx étudie l'automatisation à travers l'évolution du moyen de travail. L'outil est un prolongement du corps du travailleur ; son usage est réglé par l'intelligence de celui-ci. L'outil est mis en action par le corps propre de l'individu, auquel il permet d'exercer une emprise sur la matière première et l'objet à produire. Mais la subordination du moyen de travail, en régime capitaliste de production,

---

1. *Le Capital*, p. 273-274.

implique qu'il soit rendu étranger à l'activité humaine et déposé dans la machine, sous la forme d'un dispositif. Dans cette transformation que Marx décrit, il advient qu'un tel dispositif ne dépend plus de la virtuosité du travailleur, qui manie avec intelligence et habileté l'outil pour transformer la matière : c'est, au contraire, la machine elle-même qui devient la grande virtuose. Quel genre de virtuosité ? Il est seulement concédé au travailleur qu'il « accorde l'action de la machine à la matière première, surveille cette action et la préserve d'incidents[1] ». À travers la machine, le moyen de travail achève un cycle de métamorphoses pour devenir un « mode d'existence particulier du capital déterminé par l'ensemble du processus capitaliste, c'est-à-dire comme *capital fixe*[2] ».

Marx établit clairement une équivalence entre la machine et le *système automatique* de machines. Il envisage l'automatisme sous trois aspects convergents, conformément à sa typologie des trois parties de machine. Il y a d'abord un pouvoir presque mythique, qui réside en ce que la machine réalise comme le miracle de se mouvoir par elle-même, le moteur de Watt en est le premier exemple[3]. La machine semble alors disposer, grâce à son moteur, d'un

---

1. K. Marx, *Principes d'une critique de l'économie politique* (Ebauche, 1857-1858), dans *Œuvres*, t. 2, « Bibliothèque de la Pléiade », Économie, Paris, Gallimard, 1968, p. 297.

2. K. Marx, *Principes d'une critique*, p. 297.

3. K. Marx, *Le Capital*, p. 275 : « Ce n'est qu'avec la machine à vapeur à double effet de Watt que fut découvert le premier moteur capable d'enfanter lui-même sa propre force motrice en consommant de l'eau et du charbon et dont le degré de puissance est entièrement réglé par l'homme. Mobile et moyen de locomotion, citadin et non campagnard comme la roue hydraulique, il permet de concentrer la production dans les villes au lieu de la disséminer dans les campagnes ».

automouvement qui mime la spontanéité humaine, à quoi s'ajoute l'augmentation indéfinie de l'énergie mise à sa disposition. La machine devient, dans ces conditions, l'emblème du capital dans la mesure où elle est le résultat d'une altération de la puissance humaine puis de son accumulation sous la forme d'un dispositif extérieur de forces mécaniques. L'activité humaine est elle-même asservie aux forces mécaniques et rendue passive, avant qu'elle soit retournée *contre* les hommes en un pouvoir *sur* le travail.

La force motrice de la machine se distribue aux machines-outils et régit la mise en système du fonctionnement des machines. C'est pourquoi le rôle central et directeur du moteur à vapeur, dans la Révolution industrielle, devient une image du processus du capital. La société au travail est tout entière semblable à un grand « automate », au même titre que le capital : effet du processus de survaleur, le capital alimente ce même processus à travers sa reproduction généralisée.

L'automatisme s'accentue dans la série des transmissions réglées de mouvement, de telle sorte que toutes les opérations puissent être exécutées mécaniquement. L'automatisation, manifestation du processus de survaleur relative, suppose toutefois que le capital fixe se constitue à côté du capital variable qui est investi dans l'achat, dans la vente et dans la formation de la force de travail. L'intensification du travail est commandée par le capital : le capital fixe en est la condition ainsi que la cause prochaine, à travers l'usage par le capital des machines, des procédés techniques et de l'utilisation industrielle de la science. L'automatisation s'impose ainsi comme une ligne directrice des analyses de Marx ; c'est même à partir de l'automatisation que *le*

Capital étudie le rôle des machines. En résumé, l'automatisation repose, en amont, sur le rôle décisif du moteur, afin que la machine ne dépende plus de la force humaine ; elle vient compléter la mécanisation du travail, avec la substitution, en aval, c'est-à-dire au niveau des moyens d'exécution, de l'appareil mécanique au travail manuel de l'homme.

Le *moteur* se trouve au centre de la production matérielle car il augmente le rythme d'une mécanisation déjà acquise, rendant possible une mécanisation intégrale : celle-ci qui s'appuie, au fond, sur une plus grande abstraction du procès de travail. Avec l'apparition de la machine-outil, les gestes de travail ont été formalisés et deviennent des opérations de la machine, puis le moteur accélère la vitesse de ces opérations en répartissant une même force motrice sur plusieurs machines, qui sont ainsi agencées en un système[1] ». Le moteur est *universel*, il peut s'appliquer à toutes sortes de travaux et d'instruments et les rassemble, selon un aspect général, abstrait, qui ne tient pas compte des caractères hétérogènes et qualitatifs du travail. Ainsi une même machine-outil peut exécuter plusieurs opérations, qui étaient accomplies par un seul artisan travaillant avec

1. *Le Capital*, p. 275 : « Une fois les outils transformés d'instruments manuels de l'homme en instruments de l'appareil mécanique, le moteur acquiert de son côté une forme indépendante, complètement émancipée des bornes de la force humaine. La machine-outil isolée, telle que nous l'avons étudiée jusqu'ici, tombe par cela même au rang d'un simple organe du mécanisme d'opération ; Un seul moteur peut désormais mettre en mouvement plusieurs machines-outils. Avec le nombre croissant des machines-outils auxquelles il doit simultanément donner de la propulsion, le moteur grandit tandis que la transmission se métamorphose en un corps aussi vaste que compliqué. »

un seul instrument, ou par plusieurs artisans accomplissant des gestes différents[1].

Il peut se former dans une fabrique une coopération simple, sous la forme d'une agglomération de machines-outils de même espèce qui fonctionnent simultanément, dans le même local. Avec son moteur qui est indépendant du travail humain, la machine devient l'expression de la grande industrie. Dans un passage de quelques lignes, Marx décrit un emboîtement de mécanismes, allant de la machine-outil à une *super-machine* formée d'agencements de machines-outils : « Ainsi une fabrique de tissage est formée par la réunion d'une foule de métiers à tisser mécaniques, etc. Mais il existe ici une certaine unité de l'ensemble, en ce sens que les nombreuses machines-outils reçoivent uniformément et simultanément leur impulsion du moteur commun, impulsion transmise par un mécanisme qui leur est également commun, au moins en partie, puisqu'il n'est relié à chacune que par des embranchements particuliers. De même que de nombreux outils forment les organes d'une machine-outil, de même les nombreuses machines-outils forment autant d'organes homogènes d'un même mécanisme moteur[2] ». À un degré supérieur d'analyse abstraite du travail et de composition mécanique des agencements, la possibilité apparaît de reproduire la coordination des activités différenciées de la manufacture

1. *Le Capital*, p. 275 : « Une seule machine exécute aujourd'hui, du même coup, toutes ces opérations, et fait en une heure trois mille enveloppes et même davantage. Une machine américaine pour fabriquer des cornets, exposée à Londres en 1862, coupait le papier, collait, pliait et finissait dix-huit mille cornets par heure. Le procès de travail qui, dans la manufacture, était divisé et exécuté successivement, est ici accompli par une seule machine agissant au moyen de divers outils combinés. »

2. *Le Capital*, p. 276.

– avec des agents distincts effectuant individuellement des opérations spécialisées – sous la forme d'un système de machines-outils qui effectuent chacune d'entre elles une série d'opérations distinctes de celle des autres machines.

L'abstraction atteint un degré maximal en même temps que le travail dans sa composante vécue, subjective, se voit dominé par un procès à la fois mécanisé et, pourrait-on ajouter « machinique » de la production. En effet, la division du travail se reproduit en une spécialisation abstraite des machines, avec un agencement concomitant de leurs fonctionnements respectifs. L'agencement est réglé pour fonctionner automatiquement, de manière répétitive, fermée, rigide, en un système clos, sans la possibilité d'un effet en retour des étapes du fonctionnement sur le mécanisme défini a priori, ni d'intervention régulatrice d'une information nouvelle ou d'une initiative des agents. Ce processus d'opération apparemment « en concert » s'appuie sur la transmission du mouvement entre les parties distinctes d'un mécanisme. Ces parties séparées sont liées les unes aux autres selon une séquence d'opérations transitives, sans qu'une logique véritablement *concertante* puisse émerger, comme l'esquisse d'une totalisation réelle où les parties s'agrègent en fonction de leur rapport au tout[1].

1. *Le Capital*, p. 276-277 : « La manufacture elle-même fournit au système mécanique, dans les branches où il est d'abord introduit, l'ébauche de la division et, par conséquent, de l'organisation du système productif. Cependant une différence essentielle se manifeste immédiatement. Dans la manufacture, chaque procès partiel doit pouvoir être exécuté comme opération manuelle par des ouvriers travaillant isolément ou en groupe avec leurs outils. Si l'ouvrier est ici approprié à une opération, l'opération est déjà d'avance accommodée à l'ouvrier. Ce principe subjectif de la division n'existe plus dans la production mécanique. Il devient objectif, c'est-à-dire émancipé des facultés individuelles de l'ouvrier; le procès total est considéré en lui-même, analysé dans ses principes constituants

La « machine d'opération combinée » nous semble disposer d'un échange minimal d'information *par inertie* : cela suppose *en haut* la conception et le contrôle par un travail intellectuel, dédié chez les ingénieurs à l'application de la science à l'industrie et, *en bas*, une tâche de surveillance de l'enchaînement des opérations prédéfinies, ou encore d'évitement ou de réparation après coup des pannes. Les tâches interviennent en extériorité et aucune prise d'information n'est en mesure de moduler le fonctionnement du dispositif mécanique. La continuité d'une transmission par inertie du mouvement, à l'intérieur de la machine et, surtout, *entre* des machines, se substitue à la coordination synthétique et signifiante par des agents vivants, qui choisissent les moyens en même temps qu'ils projettent leur action vers l'idéalité d'une fin à réaliser.

Le travailleur agit non pas en maniant ses outils mais comme l'auxiliaire d'une machine mettant en mouvement les outils qui lui sont adjoints puisque, de l'outil à la machine, il n'existe, selon Marx, que la continuité d'une mécanisation des gestes utilisant les outils et de l'énergie fournissant l'effort nécessaire au travail. Machine machinale, en un mot, qui ne transforme guère le rapport entre le

et ses différentes phases, et le problème qui consiste à exécuter chaque procès partiel et à relier les divers procès partiels entre eux, est résolu au moyen de la mécanique, de la chimie, etc. (...) La machine d'opération combinée, qui forme maintenant un système articulé de différentes machines-outils et de leurs groupes, est d'autant plus parfaite que son mouvement d'ensemble st plus continu, c'est-à-dire que la matière première passe avec moins d'interruptions de sa première phase à sa dernière, d'autant plus que le mécanisme et non la main de l'homme lui fait parcourir ce chemin. Donc si le principe de la manufacture est l'isolement des procès particuliers par la division du travail, celui de la fabrique est au contraire la continuité non interrompue de ces mêmes procès ».

moteur, l'outil et l'éventuel instrument spécifique, dévolu à la collecte de l'information.

Comme exemple de prise d'information et de modulation du fonctionnement d'une machine, nous mentionnerons le régulateur à boules des machines à vapeur. Si une machine à vapeur est utilisée pour scier du bois, le rythme de travail de la scie est appelé à varier : quand la scie attaque le tronc, une énergie considérable est injectée ; lorsque le travail touche à sa fin et que la résistance du tronc devient nulle, il faut ralentir le volant de la scie. Affectera-t-on un opérateur extérieur à la surveillance du dispositif ? Une telle solution est onéreuse et techniquement assez imparfaite puisqu'elle suppose la médiation d'un agent humain pour coordonner la machine et le matériau traité ; de surcroît, la perception humaine n'est pas suffisamment fine et attentive pour reconnaître les différences d'aspérité du bois et doser l'énergie en conséquence. En revanche, un régulateur à boules monté sur le volant de la scie fait que si le volant tourne vite (travail facile), les boules s'élèvent et ferment l'entrée de la vapeur ; si le volant ralentit (arbre mouillé, nœud…), les boules s'abaissent en réponse et ouvrent l'entrée de la vapeur, ce qui augmente la puissance de la machine. Mais qu'est-ce qu'un modulateur, sinon l'expression d'une totalisation, au sens où il fait interagir une énergie et une information ? Une autre régulation est envisageable, par adjonction d'une causalité récurrente, si le fonctionnement d'un effecteur est capté puis envoyé vers l'entrée du modulateur ; une information va dans ce cas gouverner la quantité d'énergie mobilisée pour faire fonctionner l'effecteur avec finesse.

Il n'est donc pas étonnant que la machine insuffisamment « concrétisée » puisse être perçue comme l'ennemie du travailleur et l'auxiliaire de la domination qu'il subit. La machine a, de plus, un coût, celui du travail qui entre dans sa production et dans sa valeur marchande ; au fur et à mesure qu'elle est utilisée, c'est-à-dire qu'elle sert à produire en s'usant, elle transmet donc une part de sa valeur au produit final, dont elle augmente de fait le prix ! Des machines sophistiquées contribuent, dans un premier temps, à l'enchérissement des produits, par un phénomène de valeur ajoutée. Il est donc essentiel que la machine compense ce surcoût en remplaçant l'homme en chair et en os et sa force de travail, tout en augmentant la productivité du travail restant, de telle sorte que par son intermédiaire, le travail vivant contribue à sa propre dévalorisation – en abaissant la valeur marchande de la force de travail – ainsi qu'à à sa propre extinction. En effet, la proportion de travail humain nécessaire diminue en même temps que la quantité de marchandises produites augmente, avec un prix inférieur de ces mêmes marchandises. Les machines réduisent le coût des produits et en multiplient le nombre, en même temps qu'elles contraignent la force de travail à se vendre moins cher, par rapport à la valeur d'échange qui va être cristallisée dans l'ensemble des marchandises. En démultipliant la productivité du travail, la machine est un moyen adéquat de la survaleur : elle minimise peu à peu la part du rendement journalier de travail qui sert au paiement de la force de travail.

Il faut prendre également en considération les résistances et les luttes ouvrières, qui débouchent sur une réduction de la durée de travail journalier. Ce sont en effet les lois sur le raccourcissement du temps de travail qui vont indirectement favoriser le machinisme pour intensifier le travail. Les différences qualitatives entre les activités finissent par s'estomper au profit de l'égalisation et de l'uniformisation des opérations techniques. C'est en ce sens que l'automatisation a pour complément l'*autocratie* du moteur et de son rythme, c'est-à-dire du capital en action.

Dans la description historique que donne Marx, la classification des travailleurs est profondément remaniée par les mutations du rapport social de travail : il y a d'abord des travailleurs dédiés au fonctionnement des machines-outils et qui assurent par leurs efforts et avec leur corps le fonctionnement des machines. Il s'agit, en l'occurrence, de l'intégration des fonctions mécaniques et de la régulation de ces fonctions en relation avec les conditions, les phases et les fins de la production, ainsi que de la connexion entre les diverses machines. Face aux travailleurs, la masse des manœuvres, qui leur sont subordonnés et que les premiers commandent. Il y a là une division verticale, une division de pouvoir, entre les grandes catégories de travailleurs. Marx ajoute le rôle que joue, à côté de ces couches principales d'ouvriers, un personnel en nombre encore insignifiant – en tous les cas, à l'époque qu'il décrit ! – d'ingénieurs et de mécaniciens (entendre des ouvriers plus qualifiés), « qui surveillent le mécanisme général et pourvoient aux réparations nécessaires [1] ».

Marx fait observer une répartition doublement inégale, d'une part, au sein des travailleurs dominés [2] et, d'autre

1. *Le Capital*, p. 303.
2. *Le Capital*, p. 303 : « Le fonctionnement des outils étant désormais émancipé des bornes personnelles de la force humaine, la base technique sur laquelle repose la division manufacturière du travail se trouve supprimée. La gradation hiérarchique d'ouvriers spécialisés qui la caractérise est remplacée dans la fabrique automatique par la tendance à égaliser ou à niveler les travaux incombant aux aides du machinisme.

part, entre ces derniers et une classe supérieure de travailleurs. Cette deuxième division entérine la séparation du travail manuel et de la puissance théorique : la puissance intellectuelle de la production se trouve inféodée malgré elle à la logique au capital, dont elle accentue la domination qu'il exerce sur le travail.

Dans quelle mesure le rôle joué par la science dans le perfectionnement des machines, une des conséquences de la séparation du travail manuel et du travail intellectuel, peut-il conduire à redonner une certaine autonomie au travail ? On peut, en effet, observer un phénomène concomitant au machinisme et à la formation de la survaleur et qui n'est autre que l'élévation continue de la qualification d'une partie, au moins, du travail, bien que ce processus soit affecté par l'inégalité de pouvoir et de connaissances et, surtout, par l'exclusion d'un grand nombre de travailleurs hors du champ du travail. Car le mécanisme de la survaleur requiert également un travail de haute technicité. La primauté du travail sur la technique est alors mise en question. En effet, la croissance du capital fixe, le perfectionnement des machines en raison de l'adjonction de la science à l'activité technique, ainsi que la tendance continue à réduire la part du travail vivant dans la production, ont pour résultat, sur le long terme, que le travail puisse cesser de représenter l'étalon de la valeur d'échange, l'objet de l'exploitation et l'origine de la valeur. C'est alors l'activité technique qui s'affirme comme créatrice de valeur et elle s'affranchit peu à peu du travail comme rapport social.

À la place des différences artificiellement produites entre les ouvriers parcellaires, les différences naturelles de l'âge et du sexe deviennent prédominantes. »

LA FORCE PRODUCTIVE DES « *ORGANES DU CERVEAU HUMAIN CRÉÉS PAR LA MAIN DE L'HOMME* » ET LA LOI DE LA VALEUR

Nous avons montré comment le travail vivant pouvait disparaître derrière le rapport social de travail, rapport de domination et de violence sur l'activité humaine : « L'appropriation du travail vivant par le travail matérialisé – de la forme ou de l'activité valorisante par la valeur en soi – est inhérente au concept du capital ; elle est posée dans la production mécanique comme le caractère même du processus de production, en fonction des éléments et du mouvement matériels de ce processus. Celui-ci a cessé d'être un processus soumis au travail en tant que facteur unique et dominant. En de nombreux points du système mécanique, le travail apparaît plutôt comme le simple organe conscient des travailleurs individuels vivants. Dispersé, subordonné au processus d'ensemble du machinisme, il est un simple élément d'un système dont l'unité réside non pas dans l'individu, mais dans la machine vivante (active), vue comme un organisme puissant face à l'activité individuelle et insignifiante du travailleur. À travers la machine, le travail matérialisé s'oppose au travail vivant dans le processus du travail lui-même ; il est la puissance dominante que représente le capital en tant qu'appropriation du travail vivant [1] ». C'est précisément ce constat de Marx qui montre que l'activité technique, rendue effective dans des machines de plus en plus perfectionnées, présente un potentiel d'autonomie.

Ce potentiel appartient à la capacité d'invention de l'activité humaine, dans son rapport au monde. Une telle

---

1. K. Marx, *Principes d'une critique…*, p. 298.

puissance peut-elle s'émanciper de la « machine » des rapports sociaux de production ?

L'activité technique, nous l'avons dit dans les deux chapitres précédents, participe de la normativité de la praxis, que l'on retrouve en partie dans les êtres techniques qu'elle dispose, comme des prothèses de l'individu en métamorphose. La *programmation*, empruntée aux processus d'auto-régulation et d'homéostasie de l'être vivant, en est une illustration. Contre le machinisme, il faut réaffirmer que l'« automate » le plus perfectionné ne saurait être automatique ; il est, au contraire, porteur de dispositifs de rétroaction, c'est-à-dire d'une action en retour des circonstances et des effets de son fonctionnement sur les circuits de commande, de manière à maintenir une relation d'échange et de sens avec le milieu, ou, en d'autres termes, une totalisation. C'est donc l'activité technique, comme expression de la puissance d'agir, qui peut lever l'hypothèque du capital fixe et libérer d'autres formes de l'être technique que la machine du machinisme.

L'Histoire enseigne une distribution dans l'espace d'un ensemble technique et un enchaînement temporel souvent discontinu des ensembles, avec des avancées, des remaniements ou des répétitions. Le deuxième chapitre de la première partie du *Mode d'existence…* énonce une *loi de relaxation*, qui n'est pas sans évoquer une forme de devenir en spirale : *de l'ensemble à l'élément*, puis de *l'élément à l'ensemble*, en passant par des individus dans lesquels ces éléments entrent comme des parties composantes. Au cours du XVIIIᵉ siècle, l'ensemble technique repose principalement sur les chutes d'eau, sur la force motrice des animaux et, de manière générale, sur le travail de type artisanal. Un tel ensemble a produit des éléments qui sont entrés dans la fabrication de locomotives, c'est-à-dire des machines thermodynamiques ayant un rendement élevé : la coulisse de Stephenson, installée sur une chaudière tubulaire, permet une variation du rapport entre temps d'admission et temps de détente, d'où la possibilité de changer le régime du moteur et d'adapter le couple moteur à des conditions d'utilisation assez diverses. Il s'ensuit l'intégration de ces éléments dans un individu nouveau, en l'occurrence la locomotive, qui va bouleverser les transports et rendre les voies de communication plus nombreuses, plus diverses et plus denses, dans la mesure où elles sont moins soumises aux contraintes du relief naturel.

La concentration industrielle qui en découle engendre un nouvel ensemble, celui que l'on peut qualifier de complexe « charbon et acier », avec l'apparition des grandes manufactures, au XIXe siècle. L'élément thermodynamique hérité entre dans la composition de nouveaux individus techniques, qui s'agencent dans un ensemble régi par les échanges entre la chaleur et l'énergie, dont certains produits indirects, dans le domaine de la métallurgie, sont les métaux à haute perméabilité magnétique ou les câbles de cuivre, qui vont entrer à leur tour dans la composition de nouveaux individus techniques : « Les charpentes métalliques des pylônes, les ciments des barrages viennent des grandes concentrations thermodynamiques et entrent comme éléments dans les nouveaux individus techniques que sont les turbines et les alternateurs. Alors une nouvelle montée, une nouvelle constitution d'êtres s'accentue et se concrétise. La machine de Gramme laisse la place, dans la production d'énergie électrique, à l'alternateur polyphasé ; les courants continus des premiers transports d'énergie laissent la place aux courants alternatifs à fréquence constante, adaptés à la production par turbine thermique et par conséquent aussi à la turbine hydraulique [1] ». Un nouvel ensemble technique apparaît, centré sur la production et la distribution de l'énergie électrique, et dont la connexion, assurée et symbolisée par les lignes à haute tension, prend le pas sur le chemin de fer et les voies ferrées. De même, la technologie du silicium, qui est induite par l'ensemble électrotechnique, est porteuse de son intégration dans de nouveaux individus techniques – ordinateurs, téléphones mobiles – et participe à l'apparition d'un nouvel ensemble : le numérique.

La loi de relaxation met en évidence l'émergence d'un type d'historicité ni linéaire ni discontinu, qui a pour *sujet* ni l'ensemble ni l'individu : l'individu perd sa pertinence, l'ensemble entre en obsolescence et se désagrège. En revanche, l'élément semble conjuguer un certain niveau de technicité et une capacité à être un facteur d'autocorrélation. Il offre surtout une plasticité et une richesse de potentiels qui le destinent faire partie de nouvelles individuations. Il n'est pas possible de prédire ces réalisations ni de délimiter la puissance génératrice, ou *transductive*, du processus technique.

Les techniques évoluent par mutations et reconfigurations ; cette Histoire adopte le même rythme que l'invention, et fait appel au virtuel : un objet technique *s'excède* en quelque sort et dépasse ses propres limites et incompatibilités de construction et d'existence : « L'inventeur ne procède pas *ex nihilo*, à partir de la matière à laquelle il donne une forme, mais à partir d'éléments déjà techniques, auxquels on découvre un être technique susceptible de les incorporer. La compatibilité des éléments dans l'individu technique suppose le milieu associé : l'individu technique doit donc être imaginé, c'est-à-dire supposé construit en

1. *MEOT*, p. 68.

tant qu'ensemble de schèmes techniques ordonnés ; l'individu est un système stable des technicités des éléments organisées en ensemble [1] ».

Ces caractères de l'évolution des techniques éclairent les relations entre la technique et le travail. Le point d'intersection véritable entre l'Histoire générale des sociétés, l'activité économique de production et d'échange des richesses, est soit l'individu, soit les ensembles. Pour les ensembles, l'industrie donne une certaine cohésion institutionnelle à l'*atelier* ou à l'*entreprise*. Cependant, si le niveau de réalisation concrète des individus techniques donne lieu, dans une conjoncture historique déterminée, à une individualisation encore partielle ou problématique des machines, avec des machines qui sont seulement mécaniques, il s'avère indispensable pour les objets techniques, dépourvus de milieu associé, que l'individu humain intervienne, au prix de son aliénation, pour assurer lui-même, à son corps défendant le rôle de… milieu associé. L'« homme au travail » désigne l'homme qui interpose son propre corps entre les besoins de l'organisme et la nature, un corps dont l'effort fournit l'énergie nécessaire aux gestes techniques en même temps qu'il assure leur régulation au coup par coup.

Il existe toutefois des machines-outils, ayant une alimentation autonome en énergie : dans ce cas également, l'homme se fait porteur de la machine-outil, qui est démunie d'une aptitude à l'auto-régulation. Ce type de machine décrit parfaitement la domination subie par l'ouvrier du XIXe siècle, attaché au mouvement de la machine, tout en étant appelé à assurer les fonctions d'ajustement qui rendent cette même machine opérationnelle : c'est alors l'homme

---

1. *MEOT*, p. 74.

qui joue le rôle de l'individu technique et supplée l'individualité technique par défaut de la machine[1]. La machine a besoin d'un appendice vivant. L'homme doit, par conséquent, *se faire machine*, avec son intelligence et son sens existentiel des totalisations, pour donner une fiction de totalité au rapport entre la machine et le monde. Il y a là un devenir passif de l'humain, pour lutter contre la passivité et l'inertie, que Sartre a très bien qualifié dans la *Critique de la raison dialectique*[2] : passivité active de l'organisme, résultat syncrétique de l'échange entre le vivant et l'inerte, la praxis humaine est appelée à jouer une conduite machinale afin de dompter la contrainte et l'inertie de l'extériorité matérielle.

Simondon précise que si l'objet technique devient un individu technique *concret*, il émancipe *de facto* l'homme de cette fonction : c'est alors l'objet technique qui s'interpose entre le monde et le besoin humain. Il se produit ainsi une sorte de « chiasme » entre le vivant et la machine, entre l'autorégulation et son équivalent cristallisé dans la matière de l'objet technique, sous la forme de structures assurant l'autocorrélation d'une telle machine. C'est pourquoi la spécialisation instituée des métiers, au sein d'une division du travail associant un homme à un métier, est le reflet social de l'absence d'autorégulation de la machine, l'homme devant, dans son travail, agir et se

1. *MEOT*, p. 79 : « On pourrait dire que, dans ce cas, l'homme est porteur de machine, la machine restant porteuse d'outils ; cette relation est donc partiellement comparable à celle de la machine-outil, si l'on entend par machine-outil celle qui ne comporte pas d'auto-régulation. C'est encore l'homme qui est au centre du milieu associé dans cette relation ; la machine-outil est celle qui n'a pas de régulation intérieure autonome, et qui nécessite un homme pour la faire fonctionner. »

2. J.-P. Sartre, *Critique de la raison dialectique* (désormais, *CRD*), t. 1, livre 1, Paris, Gallimard, 1960 et 1985.

comporter comme individu technique voué à une fonction, en constante liaison avec la machine qu'il doit porter. Si la machine-outil entre dans la fabrication de boulons, il sera dévolu à la fonction d'ouvrier-fondeur. La fixation et la division des tâches sont l'expression de la fonctionnalité des machines et de la contrainte qu'elle impose à son milieu associé de substitution, qui n'est autre que l'homme lui-même.

Même si la machine évolue vers la forme de l'individu technique, la dimension libératrice de ce changement peut être occultée par un retard ou un décalage des mentalités : l'homme s'étant confondu, comme travailleur, avec la tâche ingrate de prêter son corps et son effort pour compléter la technicité défaillante de la machine, il peut se sentir dépossédé et déchu lorsque la machine n'a plus besoin de lui en un sens étroitement fonctionnel. L'homme retrouve pourtant un rôle majeur : il imagine les objets techniques, conçoit leur fonctionnement, assure l'information qui les autorégule et, surtout, il agit comme l'acteur synthétique de l'interconnexion des machines dans des ensembles. Loin d'être exclu, il se retrouve dans le rôle de conception, de régulation et surtout d'agent normatif du processus technique. Tant au niveau des individus que de celui des ensembles, la technique exprime une puissance d'individuation et d'invention de formes qui appartient à la vie humaine.

L'activité productive, dont les individus techniques sont des produits dérivés et des médiations, doit s'approprier sa propre puissance d'invention, d'information et de direction, en déléguant au *fonctionnement* des machines les *fonctions* assignées à l'organisme individuel. Il reste néanmoins à maîtriser l'assignation de l'humain à des tâches ingrates et serviles, pour tout dire *infratechniques*, situées au niveau le plus rudimentaire du processus technique. Le travail est ennuyeux comme une sanction, même s'il reste une fonction indispensable quoique résiduelle et triviale – fonction de surveillant, de gardien ou d'auxiliaire – qui doit nettoyer et entretenir les éléments, protéger et prendre soin des machines.

Mais les machines sont construites, mises en routes et reliées entre elles dans le prolongement de l'affirmation par l'existant de sa persévérance dans l'être. « Dans tous les jugements qui sont portés sur la machine, il y a une humanisation implicite de la machine qui a pour source profonde ce changement de rôle ; l'homme avait appris à être l'être technique au point de croire que l'être technique devenu concret se met à jouer abusivement le rôle de l'homme. Les idées d'asservissement et de libération sont beaucoup trop liées à l'ancien statut de l'homme comme objet technique pour pouvoir correspondre au vrai problème de la relation de l'homme et de la machine [1] ». Ce dédoublement étrange, contradictoire, difficile à vivre, prend évidemment la forme d'un malaise très vif dans le travail comme dans la culture.

Les pages denses et décisives écrites par Marx dans l'ébauche des *Principes d'une économie politique* sous le titre de *Machinisme, science et loisir créateur* [2], posent les termes d'une théorie de la contradiction structurelle du capitalisme et de la forme que prend la formation de la survaleur dans le machinisme. Dans ces pages, Marx esquisse la fin du rapport social de travail et l'émancipation de l'activité matérielle de production par rapport à la loi de la valeur. Il souligne le fait que le paradigme du travail,

1. *MEOT*, p. 82.
2. *Principes…*, p. 304 à 311.

c'est la loi de la valeur et la domination du capital sur le travail vivant. Or la course indéfinie du machinisme a besoin d'une intégration de plus en plus forte de la science à la technique et à l'industrie. C'est seulement à cette condition, nous dit Marx, que le capital peut absorber de plus en plus efficacement le travail vivant ; il illustre ce processus exponentiel [1] du capital à l'aide de la formule, « comme s'il avait le diable au corps ».

Marx rappelle à ce sujet que l'appropriation du travail vivant par le capital a pour condition matérielle le capital fixe, c'est-à-dire le remplacement du travail par les machines. Or ce processus se reproduit de manière élargie en mobilisant la science au service de la production immédiate et en encourageant l'invention technique. Il faut, en effet, sans cesse adjoindre des ressources intellectuelles à la machine de manière à ce que les objets techniques deviennent l'objectivation d'une véritable *intelligence collective* : « Mais, à mesure que la grande industrie se développe, la création de la richesse vraie dépend moins du temps et de la quantité de travail employés que de l'action des facteurs mis en mouvement au cours du travail, dont la puissante efficacité est sans commune mesure avec le temps de travail immédiat que coûte la production ; elle dépend plutôt de l'état général de la science et du progrès technologique, application de cette science à la production [2] ». Nous sommes partis du travail comme rapport social et nous découvrons l'idée ou plutôt l'horizon d'une activité technique autonome.

C'est la contradiction du rapport social de travail qui conduit tendanciellement vers une émancipation de la

1. *Principes...*, p. 305.
2. *Principes...*, p. 305.

technique. D'un côté, en effet, le machinisme est l'ultime développement du rapport de valeur et de l'opposition entre le capital et le travail. Mais, d'un autre côté, au fur et à mesure que la grande industrie se développe, la richesse dépend de moins en moins du travail (c'est-à-dire du temps de travail et du volume total de travail) et repose de plus en plus sur le système complet des machines. Celles-ci s'apparentent à « *des organes du cerveau humain créés par la main de l'homme* [1] », comme puissance matérialisée du savoir dans la technique et dans le réseau des machines : « Le développement du capital fixe montre à quel point les conditions du processus vital de la société sont soumises à son contrôle et transformées selon ses normes, à quel point les forces productives ont pris non seulement un aspect scientifique, mais sont devenues des organes directs de la pratique sociale et du processus réel de l'existence [2] ».

Le rapport social de domination et d'extorsion du travail crée une situation où le travail *cesse* d'être le critère principal, sinon exclusif, de la production des richesses. Ce processus est marqué par l'aliénation sous les deux formes que nous déjà évoquées : diminuer le travail nécessaire, augmenter l'intensité du processus de travail. Mais, pour aboutir, ce processus implique une machine qui soit suffisamment perfectionnée, c'est-à-dire qui puisse tourner toute seule, grâce à l'automatisme, sans doute, mais surtout, pouvons-nous ajouter, en raison de la possibilité de programmation. L'effort humain passe au second plan par rapport à la technicité acquise par le réseau des êtres et des activités techniques combinés. Le paradigme du travail, fondé sur l'homme comme médiation entre le

---

1. *Principes...*, p. 307.
2. *Principes...*, p. 307.

besoin et la matière, cède la place au dispositif technique, médiateur entre l'homme et le monde.

Dans l'analyse marxiste, le moment *subjectif* et *révolutionnaire* d'une rupture sociale et politique est indispensable pour prendre acte d'une exigence nouvelle : il ne peut plus s'agir de produire de la valeur (du travail non payé) mais de convertir la productivité, non en occasion d'augmenter le taux de la plus-value relative, mais en ressource de temps de travail libéré, disponible pour le loisir actif et créateur : « *Le vol du temps de travail d'autrui, base actuelle de la richesse,* paraît une assise misérable comparée à celle que crée et développe la grande industrie elle-même. Lorsque, dans sa forme immédiate, le travail aura cessé d'être la grande source de la richesse, le temps de travail cessera et devra cesser d'être la mesure du travail, tout comme la valeur d'échange cessera d'être la mesure de la valeur d'usage. (…) Dès lors, la production fondée sur la valeur d'échange s'effondre, et le processus immédiat de la production matérielle se dépouille de sa forme et de ses contradictions misérables. Diminuant non plus au profit du surtravail, la réduction du temps de travail nécessaire permettra le libre épanouissement de l'individu [1] ».

Produire du temps libre en se réappropriant la force productive. Le devenir social du machinisme est en mesure de favoriser l'autonomie de l'activité technique, tant pour réguler des machines de plus en plus autonomes que pour tirer les bénéfices du temps social libéré et mis à disposition des individus, en vue d'une activité créatrice. Ces remarques de Marx ne rejoignent-elles pas les conclusions auxquelles le *Mode d'existence…* parvient ? Car c'est la médiation du corps de l'homme, qui prête son individualité aux machines

---

1. *Principes…*, p. 306.

pour compenser leur insuffisante individuation, qui devient caduque et inutile. À partir d'une analyse du travail et des rapports sociaux de production, Marx nous aide à dégager, en deux questions, ce qui se joue à travers la réduction de la technique au machinisme. Est-il possible que les objets techniques cessent d'être des auxiliaires du travail sous la domination du capital ? Dans quelle mesure l'autonomie peut-elle être restituée à l'activité technique, qui appartient de part en part à la praxis comme rapport critique et normatif au monde ?

CHAPITRE IV

L'ACTIVITÉ TECHNIQUE ET LE MONDE

L'activité pratique de l'individu humain, sa « praxis », s'enracine dans sa réalité d'*organisme* vivant. Il faut entendre *praxis* en rassemblant sous ce terme les deux significations de la *praxis* et de la *poièsis* selon Aristote. L'activité pratique, que ce soit par le travail ou la technique, modifie la matière environnante et crée des objets artificiels, dont la forme d'abord *imaginée* est ensuite réalisée dans une matière dont elle met à jour les potentialités. Expression de la praxis, l'activité technique participe doublement à *l'autoproduction* de l'homme : elle crée les moyens de conserver la vie et elle entretient une existence *relationnelle* des individus. Au cœur de l'existence individuelle, la technique augmente la puissance d'agir en démultipliant les aptitudes du corps humain : cela concerne les adjonctions de prothèses techniques au corps humain mais aussi l'invention de ces êtres semi-autonomes, les machines ou individus techniques, qui existent dans le monde en simulant dans leur organisation l'être individué de l'existant singulier.

La vie de l'organisme est assurément inséparable d'une *individuation* en cours, qui suppose un rapport sélectif et orienté entre l'individu et le monde. L'existence individuelle déploie l'exigence normative de sa praxis quand il faut, par exemple, satisfaire des besoins vitaux, en niant et en réorganisant les données du milieu. De nouvelles configurations, adéquates aux fins poursuivies, se nouent alors entre l'espace, les rapports de travail et les modalités techniques de l'action : toutes ensemble, elles font surgir un monde.

LE BESOIN, LA PRAXIS ET LE MONDE

La réalité de l'individu humain comme organisme vivant est une individuation en cours, c'est-à-dire un processus qui construit les structures de ses relations internes (rapport de l'organisme à lui-même) et externes (rapport avec le monde extérieur). L'individu est, par définition, un système en *équilibre instable* qui suppose l'échange avec le milieu environnant. Son « intériorité » est fonction de sa propre *auto-délimitation* par rapport à l'extérieur, ou de sa manière de vivre, d'intérioriser et de reproduire, en l'extériorisant, son *rapport* avec le milieu. C'est pourquoi l'être objectif de l'organisme individuel, que l'on considère les lois qui le déterminent ou les échanges énergétiques qu'il entretient avec le milieu ambiant, procède d'une médiation de cet organisme avec lui-même ; il s'agit bien d'une « subjectivité », d'un rapport à soi, qui est *non objectivable* dans la mesure où il n'est autre que l'*opération* de l'organisme, comme liaison entre ses fonctions et comme échange avec son environnement.

Dès lors que le rapport à lui-même de l'organisme prend la forme de son intégration à un milieu qu'il s'approprie – selon la double formule de Georges Canguilhem : « l'être de l'organisme, c'est son *sens* » ; « le sens de l'organisme, c'est son *être*[1] – la différence entre l'individu

---

1. G. Canguilhem, *La connaissance de la vie*, chap. III, 3, Paris, Vrin, 2000.

et le milieu devient seconde par rapport à leur enveloppement réciproque. Il s'ensuit que la distinction entre l'organique et l'inorganique fonde l'originalité d'une individuation qui n'est autre que la nécessité, pour l'organisme, de se maintenir, de se développer et de se prolonger lui-même comme une réalité individuée. L'individu est une réalité unifiée et structurée, une réalité agissante qui se rapporte au milieu en le modifiant et en se l'incorporant. C'est pourquoi l'organisme individuel, pour se produire et se conserver, se met en relation avec l'environnement qui constitue son milieu associé, en l'unifiant et en l'intégrant à son propre devenir. Pour cette raison, l'organisme ou l'individu *pratique* ajoute au monde des êtres *mixtes*, ou *hybrides* : les objets techniques.

Le travail, cela est évident, entretient une relation fondamentale avec le besoin. Le besoin se définit d'abord par une lacune inerte, inorganique, qui se manifeste dès qu'un *manque* est ressenti, et ce manque affecte la totalité que le vivant représente pour lui-même ; le trouble du manque marque sûrement un risque de destruction du vivant ou de régression vers l'inorganique. L'organisme *éprouve* ce danger par l'affirmation du besoin : « Le besoin est une fonction qui se pose pour soi et se totalise comme fonction parce qu'elle est réduite à devenir geste, à fonctionner par elle-même et non dans l'intégration de la vie organique. Et, à travers cet isolement, l'organisme tout entier court le risque de désagrégation ; c'est le danger de mort[1]. »

Le manque se révèle dans ces conditions comme *l'extériorité du multiple, qui traverse de part en part l'unité intérieure de la vie*. Le besoin répond par la négation du manque et par effort de sauvegarde de l'organisme. Le

1. *CRD*, p. 195.

dépassement de la limite s'effectue dans le champ de la matérialité et vise à s'appuyer sur l'extériorité de la matière inorganique, sur sa multiplicité et sur son inertie, pour les transformer en des moyens de rétablir l'unité vivante qu'elles ont perturbée. *L'unité intérieure, par conséquent, enveloppe l'extériorité en se totalisant vers elle.*

La nature extérieure se présente corrélativement comme phénomène d'un « faux organisme » symétrique, qui reflète la totalisation en cours de l'organisme vivant : « La matière environnante reçoit, dès l'apparition du besoin, une unité passive, du seul fait qu'une totalisation en cours s'y reflète comme totalité : la matière dévoilée comme totalité passive par un être organique qui tente d'y trouver son être, voilà sous sa première forme la Nature [1] ». Le besoin, ainsi que l'opération pratique qu'il provoque, impliquent l'appartenance totale de l'individu à la matière environnante. Car ce dernier tente de sauvegarder sa propre unité en esquissant le mouvement de se faire outil et instrument, c'est-à-dire d'agir sur l'inorganique en prenant appui sur sa propre dimension inorganique (il est aussi un corps obéissant aux lois de la physique) afin de transformer les contraintes, au lieu de se soumettre ou de s'adapter à elles : « La totalité organique agit sur les corps inertes par l'intermédiaire du corps inerte qu'*elle est* et qu'elle *se fait être*. Elle *l'est* pour autant qu'elle est déjà soumise à toutes les forces physiques qui la dénoncent à elle-même comme pure passivité ; elle *se fait être* dans la mesure où c'est par l'inertie même et du dehors qu'un corps peut agir sur un autre corps dans le milieu de l'extériorité [2]. »

1. *CRD*, p. 195.
2. *CRD*, p. 196.

Le caractère *extatique* de l'existence se conjoint ici à la facticité organique pour définir le fait irréductible de la vocation de l'organisme à la *praxis*. La praxis est *humaine* parce qu'elle rassemble sous le schème de l'autoproduction, que nous avons mentionné au début, les traits de la praxis, comme action dont le point de départ et le point d'aboutissement se confondent avec l'agent lui-même, et ceux d'une *poièsis*, qui suppose l'interposition, entre le corps de l'homme et la nature extérieure, de la matière travaillée, sous la forme des *individus techniques* (les machines) et des produits, susceptibles de satisfaire les besoins. L'environnement matériel est ainsi transformé en un monde pratique.

Nous reconnaissons un *être-au-monde* de la praxis en même temps que la technique se donne comme une *invention* du monde. Une réciprocité totale en est le résultat, réciprocité qui s'établit entre, d'une part, la mutation technique de la praxis, *praxis* et *poièsis* conjuguées – sous la forme d'un dispositif technique – et, d'autre part, la matière qui devient *chose signifiante*, c'est-à-dire imaginée et élaborée comme un objet technique. La matière, en effet, est modifiée selon des idéalités visées par l'individu pratique.

Le risque de déstructuration de l'être individuel et de retour à l'informe, à l'inorganisé et à la dispersion matérielle, dessine pour l'organisme la *possibilité de sa propre impossibilité*. Ce phénomène est redoublé par la *rareté* : événement irréductible et sans raison d'un rapport *de fait* qui se noue entre la quantité de ressources, le nombre des hommes, les limites de l'espace. Pour faire face à cette discordance, l'organisme a, par conséquent, à « être son propre avenir par-delà un présent de désintégration réintégrée [1] » : l'individu ne peut « persévérer dans son être » qu'à la condition de se renouveler sans cesse et de dépasser pratiquement le risque matériel de sa propre impossibilité : « Il n'y a pas de persévérance de l'organisme dans son être puisque l'organisme *n'a pas d'être* mais a tendance à gagner son être, à être cet être qu'il n'est pas [2]. »

Entre l'organisme qui tend à se maintenir et le milieu matériel, des dispositifs hybrides font leur apparition : ce sont les êtres techniques, à travers lesquels la praxis agit sur le monde extérieur en usant des lois de l'inertie matérielle ; ces êtres reçoivent, par conséquent, une certaine forme d'individualité. Donc, l'individu imagine des idéalités, qu'il réalise dans la matière en la transformant ; ces mêmes idéalités « habitent » le monde en informant l'existence et l'organisation des dispositifs techniques. C'est finalement parce que la praxis se fait instrument pour agir sur l'inertie par l'intermédiaire de l'inertie qu'elle institue la médiation des êtres techniques *entre* l'organisme individuel et le monde. Le *pratico-inerte* désigne, dans ces conditions, les contraintes irréductibles pesant sur le mode d'action de l'organisme sur la réalité matérielle, quand il mobilise l'inertie et le mécanisme pour faire exister concrètement, conformément aux lois de la matière, les idéalités ayant l'existence pour origine.

Le pratico-inerte est, cependant, le lieu d'un rapport de forces et d'une ambiguïté de l'objet technique. Dans la mesure où le *pratico-inerte* dénote la prise du travail sur le champ pratique, il exprime le choc en retour de la transformation de la « passivité active » de l'agent à l'égard de la matérialité (c'est-à-dire de son action technique,

1. *CRD*, p. 196.
2. J.-P. Sartre, *Critique de la raison dialectique*, t. II, (désormais *CRD*, t. 2), Paris, Gallimard, 1985, p. 413.

obéissant aux lois transitives de l'extériorité), en une « activité passive » de la matière ouvrée : les produits de l'activité technique suscitent un retournement de cette activité, soit un pouvoir des choses produites sur l'agent lui-même, soit en un pouvoir des individus les uns sur les autres, comme dans le rapport social de travail.

L'ÊTRE TECHNIQUE COMME CHIASME

Les êtres techniques auto-corrélés correspondent aux possibles de l'existant singulier et à la manière dont les individus se projettent vers le monde, à travers le système des outils, des machines, des appareils de communication, des moyens de transport. Le monde de la technique, ou plutôt les différents mondes techniques (par exemple, le réseau des satellites, des serveurs internet, des relais et des cellules de la téléphonie numérique) forment des mondes au sein du monde : ils s'inscrivent dans le jeu indéfini de « renvois à… », qui fait apparaître le monde comme horizon et comme totalité liée. Le point-origine de la praxis et de la technique est un organisme individuel, ou, plus précisément, son propre corps, doué d'une aptitude à être affecté et à agir.

L'apparition de l'agir technique met en évidence la mutation que subit la praxis : comme nous l'avons précédemment montré, il incombe à la praxis de jouer en quelque sorte l'inorganique contre lui-même. Une telle opposition est emblématique du *chiasme* qui définit l'être technique. D'une part, la praxis inscrit sa forme totalisante dans la multiplicité inorganique. La praxis acquiert alors un caractère mécanique, elle mime l'inerte afin de modifier la réalité extérieure. L'action normative, intentionnelle, communique à la matière ses effets selon un mouvement transitif des parties de la matière. C'est pourquoi le travail comme rapport social de production découle lui-même de l'invention par la technique d'une action « concertée », chacun se faisant partie, moyen et fin d'un processus organisé. Un tel processus est réglé en extériorité, comme une première machine ou, tout simplement, comme une technique en acte. On agit sur la multiplicité en lui opposant une multiplicité organisée de gestes, de moyens et d'individus. Inversement, l'outil ou l'instrument sont marqués par l'imagination et son invention de formes, qui ordonne leurs parties constituantes, dirige le fonctionnement des machines autonomes ou semi-autonomes, en rattachant tous ces dispositifs à leur condition génétique, qui n'est autre que *l'agir individuel*, dont ils dérivent leur sens et leur organisation.

La « praxis » répond au besoin en ordonnant l'extériorité dispersée du monde inorganique selon des schèmes totalisants qu'elle emprunte à la vie et que le travail applique à la matière environnante par l'activité technique : « La praxis est par elle-même une dégradation et une décompression de l'intégration organique : décompression puisqu'elle unifie en fonction d'unités toujours futures (les fins à atteindre), dégradation puisqu'elle n'intègre pas les substances inorganiques dans une unité biologique (c'est-à-dire puisqu'elle ne produit pas un être dont le statut ontologique soit égal au sien) mais qu'elle se borne à les arracher au monde de l'extériorité dispersée et à les marquer du sceau de la vie sans leur communiquer cette vie même [1] ». La praxis est ainsi conduite à se donner un mode *technique* d'être et d'action : ce mode d'être se confond avec son pouvoir d'intervention sur le monde extérieur.

1. *CRD*, t. 2, p. 349.

Pour que cette intervention puisse s'effectuer, il faut que le corps agisse comme outil et instrument ou qu'il dispose d'un dispositif *extérieur* d'actions articulées, qui agissent sur la matérialité. Aussitôt amorcé, le devenir technique de la praxis conduit à un devenir autonome des outils et des instruments à travers l'être mixte (de forme totalisante et de matière dispersée) de l'individu technique. L'aliénation proprement sociale, le recouvrement de l'activité technique par la division du travail viennent s'étayer sur cette réalité mixte, qui est en constante évolution.

Le besoin, au fond, détermine une transposition de l'ipséité et du rapport à soi de l'individu, en une praxis qui est radicalement distincte de l'intégration organique. *L'activité pratique est une extériorisation de l'immanence.* L'organisme vivant et l'individu pratique *entrelacent* leurs fonctions afin de préserver la vie. Il s'ensuit que l'existence-praxis fait apparaître l'univers comme une pluralité unifiée, le champ pratique se trouvant constitué de proche en proche comme le réseau de l'activité pratique, de ses médiations, de ses dispositifs – outils, instruments et individus techniques. Tout se passe comme si le « monde des alentours » se découvrait ordonné par la logique de l'individuation *seconde* de l'objet technique, avec pour horizon des unités futures à atteindre, lesquelles se profilent de l'avenir vers le présent. Le champ pratique a ainsi pour principe de totalisation la fin et la forme inhérentes à l'intériorité organique, qui opère ainsi une synthèse de l'extériorité matérielle : « La praxis, comme intermédiaire entre la synthèse en immanence du vivant et la synthèse passive de l'inerte, reçoit de l'une la possibilité même de projeter l'unité vivante comme sa fin ultime et de l'autre la *rigoureuse permanence* et l'extériorité qui permettent le dévoilement des objectifs et des moyens (…) [1] ».

L'activité technique établit un véritable *entrelacs* de l'organisme et du champ pratique. En effet, la causalité matérielle, qui rend possible l'ajustement au réel des possibles de l'action instrumentale, subit des procédures d'intégration dans des structures de fonctionnement, de régulation synergique des fonctions, de rétroactions et de contrôle, par lesquelles l'appareil se boucle sur lui-même tout en intégrant dans son fonctionnement propre des données de son milieu associé : l'intégration fonctionnelle de l'être technique et sa résonance interne apparaissent comme étant soutenues par un rapport d'unification provenant de l'individuation en cours.

Affirmation de la vie par-delà son impossibilité, la praxis est nécessairement *distincte* de la vie : elle est unification perpétuellement en cours, parce qu'elle contient en elle-même sa propre altérité. « Désintégration de l'organique par l'inorganique, puis intégration de celui-ci à une forme engendrée par celui-là [2] », la praxis forme ainsi un détour complexe par rapport à l'unité organique, que l'expérience de la rareté et de l'altérité du monde matériel met en danger. Sartre souligne à juste titre deux déterminations *de facto* de la praxis : nous n'assimilons que l'organique mais nous travaillons seulement l'inerte. C'est la raison pour laquelle l'activité pratique produit, à l'intérieur du champ matériel, des réalités hybrides, à mi-chemin de la vie et de la matière. Les lois de l'inertie et la médiation du champ instrumental régissent le rapport de la matière travaillée à la vie. À l'inverse, le champ pratique laisse advenir le possible vers lequel se projette

1. *CRD*, t. 2, p. 351.
2. *CRD*, t. 2, p. 354.

l'organisme pratique, qui reconfigure son environnement matériel. L'activité pratique appose ainsi son *sceau* sur la matière inerte ; la matière inerte fait exister la forme qui la scelle et l'unifie, à travers ses lois mécaniques (apports en extériorité).

Il est possible d'en tirer l'enseignement que l'organisme vivant façonne l'inorganique à l'aide de *synthèses passives* qu'il fait apparaître et maintient en lui. La praxis projette, ce faisant, la forme synthétique et individuée de l'organisme sur une série transitive d'opérations extérieures les unes aux autres. La division des opérations préfigure la division sociale du travail ; dans l'ordre causal, elle est la condition de leur réalisation. Le monde de la production ne doit pas être réduit au statut d'un entre-deux qui sépare l'organisme vivant de l'inerte, parce qu'il est une synthèse effective de l'organisme et de l'extériorité. Aussi pouvons-nous lire en écho, les remarques suivantes de Simondon, qui concernent « l'attitude individuante dans la relation de l'homme à l'être techniquement inventé » ; ces remarques apparaissent dans un chapitre intitulé *Individuation et invention* : « Dans la véritable relation complémentaire, il faut que l'homme soit un être inachevé que la machine complète, et la machine un être qui trouve en l'homme son unité, sa finalité, et sa liaison à l'ensemble du monde technique ; homme et machine sont mutuellement médiateurs, parce que la machine possède dans ses caractères l'intégration à la spatialité et la possibilité de sauvegarder de l'information à travers le temps, tandis que l'homme, par ses facultés de connaissance et son pouvoir d'action, sait intégrer la machine à un univers de symboles qui n'est pas spatio-temporel, et dans lequel la machine ne pourrait jamais être intégrée par elle-même. Entre ces deux êtres asymétriques s'établit une relation grâce à laquelle une double participation est réalisée ; il y a chiasme entre deux univers qui resteraient séparés ; on pourrait faire remarquer que la machine est issue de l'effort humain, et qu'elle fait partie, par conséquent, du monde humain ; mais en fait, elle incorpore une nature, elle est faite de matière et se trouve directement insérée dans le déterminisme spatio-temporel ; même issue du travail humain, elle conserve par rapport à son constructeur une relative indépendance ; elle peut passer en d'autres mains, elle peut devenir le chaînon d'une série que son inventeur ou constructeur n'avait pas prévue. Par ailleurs, une machine ne prend son sens que dans un ensemble d'êtres techniques coordonnés, et cette coordination ne peut être pensée que par l'homme, et construite par lui, car elle n'est pas donnée dans la nature[1] ».

L'équivalence de l'*homme-chose* et de la *chose* humaine vient de l'acte humain d'inventer « *en personne* » ; cet acte crée un être hybride, qui intègre l'activité de l'individu et la passivité matérielle. Il ne faut donc pas s'étonner de *destin* de l'organisme au travail, qui est de devenir une machine, c'est-à-dire un dispositif syncrétique mêlant le vivant et l'inerte, la division et la synthèse, l'extériorité matérielle et la totalisation. Et la machine, à son tour, a pour horizon de son évolution la division du travail entre des machines montées en réseau. Afin de persévérer dans son être, l'individu pratique tend ainsi à faire figurer sa propre unité dans les synthèses passives de la matière transformée, c'est-à-dire dans une *machine*, et *sur un mode mécanique*, la totalisation en cours de l'organisme vivant.

---

1. G. Simondon, *L'individuation à la lumière des notions de forme et d'information*, chap. 2, Grenoble, Jérôme Millon, 2005, p. 521.

Appareil à la fois individué et inerte, hybride entre la totalisation pratique et l'inertie matérielle, la machine comme individu technique semble, à ce niveau, aussi humaine que l'homme. La machine est, en fait, aussi *humaine* que l'homme puisqu'elle n'est autre que l'expression agissante, fille de l'imagination, de l'*individu* essayant de reproduire et de continuer sa propre vie, avec le monde pour horizon. C'est, par conséquent, une erreur profonde de réduire la machine à son aspect fonctionnel, objectif, tout en critiquant l'aliénation qu'elle inflige. Il suffit d'évoquer les analyses rabâchées de la conduite humaine figée par l'extériorité, condamnée à imiter les gestes d'un automate. Cela revient à méconnaître ce moment composite et médiateur de la praxis, au cours duquel la praxis intègre la non-vie. En réalité, l'organisme lui-même *se fait exister* comme processus, conformément à la raison technique de l'*ingénieur*. L'activité technique et le travail constituent en fin de compte le choix nécessaire d'une *passion*, qui vise à sauvegarder et à prolonger l'organisme vivant. Une telle action se divise par voie de conséquence en des moments successifs, disjoints, et reliés extérieurement les uns aux autres : l'action technique doit s'identifier aux mouvements de ses objets, c'est-à-dire à leur dispersion. Mais cette décomposition est l'envers de la totalisation de l'objet à partir de l'idéalité de la fin projetée.

Nous pouvons reconnaître, en conclusion, que les machines concrètes, auto-corrélées, composant des êtres relationnels et des systèmes de relations, affirment et diversifient la puissance d'agir des individus, en même temps qu'elles continuent l'individuation de ces mêmes êtres, créateurs des objets techniques. L'Histoire technique est bien une suite de l'individuation, dans un rapport mouvant et sélectif entre l'activité et la passivité. Il existe un mode de concrétisation et de connexion entre elles des machines, où se réalise, à travers leur auto-corrélation et leur autonomie fonctionnelle, une augmentation de la puissance d'agir des individus. Les êtres techniques, doués d'un processus d'unification qui les apparente de loin à la vie, représentent la création de véritables *doubles* de l'individu, par des individus réels et agissants. Ces êtres d'artifice se distribuent dans le champ pratique en esquissant des connexions et des réseaux : ils peuplent ainsi le monde des possibilités nouvelles que l'action humaine invente à l'infini.

BIBLIOGRAPHIE SÉLECTIVE

ARISTOTE, *La Physique* I et II, traduction d'A. Stevens, Paris, Vrin, 2012.

BERGSON, *L'Évolution créatrice,* chapitre 2, Paris, P.U.F., 2008.

DESCARTES, *Discours de la méthode*, parties 5 et 6, Paris, Vrin, 2005.

– *Principes de la philosophie*, partie II et fin de la partie IV, articles 203 et 204, traduction nouvelle par D. Moreau, introduite et annotée par X. Kieft, Paris, Vrin, 2009.

KANT, *Critique de la faculté de juger*, traduction d'A. Philonenko, Paris, Vrin, 2000.

MARX, *Le Capital* I, chapitres 7, 13, 14 et 15, Paris, GF-Flammarion, 1969 ou *Le Capital*, livre premier, dans *Œuvres*, tome 1, « Bibliothèque de la Pléiade », Paris, Gallimard, 1969,

– *Principes d'une critique de l'économie politique* (Ébauche, 1857-1858), dans *Œuvres*, « Bibliothèque de la Pléiade », Économie, tome 2, Paris, Gallimard, 1968.

SARTRE, *Plaidoyer pour les intellectuels*, Première conférence, *Situations philosophiques*, Paris, Tel-Gallimard, 1990

– *Critique de la raison dialectique*, tome 1, livre 1, « de la praxis individuelle au pratico-inerte », Paris, Gallimard, 1960 et 1985.

SIMONDON, *Du mode d'existence des objets techniques*, Paris, Aubier-Montaigne, 1969.

– *L'invention dans les techniques. Cours et conférences*, Paris, Seuil, 2005.

– *L'individuation à la lumière des notions de forme et d'information*, Grenoble, Jérôme Millon, 2005.

– *Sur la technique*, Paris, P.U.F., 2013.

ALIZART M, *Informatique Céleste*, Paris, P.U.F., 2017.

BEAUNE J.-C, *L'automate et ses mobiles*, Paris, Flammarion, 1980.

– *Philosophie des milieux techniques : La matière, l'instrument, l'automate*, Ceyzérieu, Champ Vallon, 1999.

GILLE B, *Histoire des techniques : Technique et civilisations, technique et sciences*, « Bibliothèque de la Pléiade », Paris, Gallimard, 1978.

GORZ A, *Métamorphoses du travail : Critique de la raison économique*, Paris, Folio-Gallimard, 2004.

LEROI-GOURHAN A., *Évolution et techniques*, tome 1 : *L'homme et la matière*, Paris, Albin Michel, 1943, tome 2, *Milieu et technique*, Paris, Albin Michel, 1945.

– *Le geste et la parole*, tome 1 : *Technique et langage*, Paris, Albin Michel, 1964 ; tome 2 : *La mémoire et les rythmes*, Paris, Albin Michel, 1965.

MAUSS M, *Techniques, technologie et civilisation*, Paris, P.U.F., 2011.

MUMFORD L, *Technique et civilisation*, Marseille, Parenthèses, 2016.

SERIS J.-P., *La technique*, Paris, P.U.F., 1994, rééd. 2013.

VARENNE F., *Qu'est-ce que l'informatique ?*, Paris, Vrin, 2009.

TABLE DES MATIÈRES

Introduction... 7

Gilbert Simondon : *Évolution de la réalité technique :
éléments, individu, ensemble*............................. 11

Hadi Rizk : *L'activité technique et ses objets*......... 59

Chapitre premier : La technique : le geste et
l'objet 61
Vie et activité technique............................... 63
Identité et fonction de l'objet technique.................... 75
La forme et la matière dans l'opération technique 88

Chapitre II : L'Invention technique...................... 111
L'ordinateur n'est pas une machine............................ 116
Résonance interne et unité en devenir 122
Auto-conditionnement et *milieu associé* : la résolution
d'un problème technique............................. 133
Les effets du processus technique sur la production . 142
L'imagination technique et la puissance du virtuel :
vie ou subjectivité ? 146

Chapitre III : La technique et le travail.............. 155
Le « machinisme », ou la machine sociale
d'exploitation... 155
La machine-outil comme destination de la technique,
dans le monde du travail...................................... 160
Capital fixe et automatisation 166
La force productive des « *organes du cerveau humain
créés par la main de l'homme* » et la loi de la
valeur... 177

CHAPITRE IV : L'ACTIVITÉ TECHNIQUE ET LE MONDE.   189
    Le besoin, la praxis et le monde 190
    L'être technique comme chiasme 195

INDICATIONS BIBLIOGRAPHIQUES..................................... 203

TABLE DES MATIÈRES 205